Totes und lebendes Völkerrecht

von

Prof. Dr. Paul Eltzbacher
zur Zeit Rektor
der Handels-Hochschule Berlin

München und Leipzig, bei Duncker & Humblot
1916

Alle Rechte vorbehalten.

Altenburg
Pierersche Hofbuchdruckerei
Stephan Geibel & Co.

Inhalt.

	Seite
Neues Völkerrecht	1
Erstes Kapitel: Das Völkerrecht und seine Wandlungen	4
1. Völkerrecht	4
2. Wandlungen des Völkerrechts	8
Zweites Kapitel: Die Verschärfung der Kriege und das Völkerrecht	14
1. Ursachen verschärfter Kriegführung	14
2. Die verschärfte Kriegführung	18
3. Die verschärfte Kriegführung und das Völkerrecht	20
Drittes Kapitel: Krieg und Volk	24
1. Die Hineinziehung der Völker in den Krieg	24
2. Schutz der Nichtkämpfer gegen zwecklose Leiden	27
3. Unterwerfung der Nichtkämpfer unter die unvermeidlichen Leiden	30
Viertes Kapitel: Auf dem Wege zum Völkerkrieg	32
1. Englische Kriegführung	32
2. Die Kontinentalsperre	37
Fünftes Kapitel: Die Entwicklung zum Völkerkrieg	41
1. Das Kriegsrecht des Weltkrieges und seine Verletzungen	41
2. Die Wandlung der Kriegführung	46
3. Die Wandlung des Kriegsrechts	53
Sechstes Kapitel: Die Gesetze des Völkerkrieges	58
1. Die drei Grundsätze des Völkerkrieges	58
2. Die zulässigen Kampfmittel gegen die bürgerliche Bevölkerung	63
3. Der Völkerkrieg und die Rechte der Neutralen	68
Nutzanwendung	73

Neues Völkerrecht.

Der holländische Minister van Houten hat im März 1916 seiner Regierung empfohlen, nach Beendigung des Krieges Verhandlungen über die Festlegung eines neuen Völkerrechts zu eröffnen und zu diesem Zweck die Berufung einer dritten Friedenskonferenz anzuregen. Aber das neue Völkerrecht braucht nicht erst zu kommen, und Friedenskonferenzen sind (das haben die beiden ersten gezeigt) kein sehr geeignetes Mittel, es zu schaffen. Das neue Völkerrecht ist bereits da, freilich ist zu bezweifeln, ob sein Inhalt dem Minister van Houten gefallen wird. Die Juden kreuzigten Jesus und warteten inzwischen auf den Messias — wir schelten heute über Völkerrechtsverletzungen und ahnen nicht, daß in dem, was wir für solche halten, bereits das neue Völkerrecht zur Erscheinung kommt.

In keinem Kriege der Vergangenheit haben sich die kämpfenden Teile in solchem Maße mit Vorwürfen wegen Völkerrechtsbruches überschüttet wie in diesem Kriege. In Deutschland sagt man: England und seine Bundesgenossen treten die Regeln des ungeschriebenen Völkerrechts ebenso mit Füßen wie die von ihnen unterschriebenen Vereinbarungen, sie setzen völkerrechtswidrig unsere friedlichen Bürger gefangen, verbieten, daß uns unsere Forderungen bezahlt werden, suchen uns auszuhungern und uns die Rohstoffversorgung und die Ausfuhr zu unterbinden, sie hindern die neutrale Schiffahrt ohne regelrechte Blockade, behandeln auf neutralen Schiffen als Konterbande, was keine ist, und durchstöbern auf ihnen die Briefpost. In England wirft man ganz auf die gleiche Weise Deutschland und seinen Verbündeten Völkerrechtsverletzungen vor, man zählt die Frauen und Kinder auf, die von deutschen Luftfahrzeugen getötet, die Mannschaften und Reisenden, die auf

Handelsschiffen den deutschen Minen und Unterseebooten zum Opfer gefallen seien, man weist darauf hin, wie schwer die deutsche Kriegführung die Rechte der Neutralen verletze. Beide Teile verteidigen ihre Kriegshandlungen, und hierbei spielt die größte Rolle das sogenannte Vergeltungsrecht. Als England die deutschen und neutralen Küsten ohne regelrechte Blockade sperrte, da begründete es dies mit dem völkerrechtswidrigen Unterseebootkrieg; Deutschland seinerseits hatte den Unterseebootkrieg damit gerechtfertigt, daß England widerrechtlich die ganze Nordsee als Kriegsgebiet erklärt habe; England aber hatte wieder diese Maßregel darauf gestützt, daß deutsche Schiffe willkürlich unter neutraler Flagge Minen gelegt hätten. Ebenso ist es bei den meisten Luftangriffen auf Städte gewesen, der letzte wurde als Vergeltungsmaßregel für den vorletzten gerechtfertigt, aber dieser war bereits als Vergeltung eines drittletzten und dieser wieder als Vergeltung eines viertletzten Angriffes aufgetreten. Solche Rechtfertigungen sind sehr unsicher. In der Regel läßt es sich gar nicht bestimmen, ob die Handlung, gegen die man Vergeltung übt, wirklich widerrechtlich ist oder nicht vielmehr selbst eine rechtmäßige und daher weiterer Vergeltung nicht unterworfene Vergeltungshandlung. Um das Vorhandensein des Vergeltungsrechts festzustellen, müßte man die ganze Kette der zum Zwecke der Vergeltung auf einander folgenden Maßnahmen bis zum ersten Gliede rückwärts aufrollen.

Die meisten Menschen und auch die meisten Juristen sind gewöhnt, das Recht als etwas Fertiges anzusehen. Seine Weiterentwicklung beachten sie nur, wenn sie ihnen in den Gesetzsammlungen unverkennbar entgegentritt. Darauf beruht es, daß die Anklagen, die heute von beiden Seiten wegen Völkerrechtsbruches erhoben, und die Einwendungen, die ihnen entgegengesetzt werden, alle von der Voraussetzung ausgehen, als ob immer noch das Völkerrecht gelte, das Mitte 1914 gegolten hat. Aber dieses Völkerrecht besteht nicht mehr. Es ist in dem Sturm des Weltkrieges zusammengebrochen. Die höchste Aufgabe der Rechtswissenschaft ist es, das Werden des Rechts zu belauschen. In diesem Kriege ist aus tausend Verletzungen des Völkerrechts neues Völkerrecht geboren. Wir alle wissen, daß wir den größten Krieg der Weltgeschichte erleben. Wir sollten uns darüber klar sein, daß sich in ihm auch die größte bisher dagewesene Entwicklung des Völkerrechts vollzogen hat.

Erstes Kapitel.
Das Völkerrecht und seine Wandlungen.

1.

Wer heute bei uns vom Völkerrecht anfängt, der ist in Gefahr, sich auf ähnliche Weise unbeliebt zu machen wie jemand, der zur Zeit des Faustrechts einem Bauern von der Heiligkeit der Gesetze hätte sprechen wollen. Aber wie damals bei aller Entrüstung über die Fülle der ungesühnten Rechtsbrüche doch jeder sich im Grunde bewußt blieb, daß die Gesetze weitergalten, so können wir auch heute nicht daran zweifeln, daß das so vielfach mit Füßen getretene Völkerrecht dennoch fortbesteht.

Um dies zu erkennen, muß man sich freilich zunächst darüber im klaren sein, was man eigentlich unter Völkerrecht versteht. Die Antwort lautet: das überstaatliche Recht, das die Beziehungen der Staaten zu einander regelt. Überall, wo sich im Verhältnis zwischen Staaten Rechtsgrundsätze herausgebildet haben, die die Beziehungen dieser Staaten zu einander regeln, ist Völkerrecht vorhanden.

Völkerrecht hat sich immer nur auf höherer Kulturstufe gebildet. Auf ganz niedriger Stufe gibt es überhaupt keine Staaten, die Menschen leben in Familien-, Dorf- oder Stammesgemeinschaften zusammen. Aber auch nachdem sich Staaten entwickelt haben, stehen diese zunächst noch in keinerlei Rechtsbeziehungen; wie der einzelne Fremde, so wird auch der fremde Staat als rechtlos angesehen. Erst auf ziemlich hoher Stufe entsteht die Auffassung, daß, wie zwischen den Angehörigen verschiedener Staaten, so auch zwischen diesen selbst rechtlich geregelte Beziehungen bestehen.

Wo solche rechtlich geregelte Beziehungen zwischen Staaten anerkannt sind, da ist Völkerrecht vorhanden. Die europäische Wissenschaft hat solche Beziehungen zunächst unter den christlichen europäischen Staaten beobachtet, sie ist auf diese Weise zu der Ansicht gelangt, es gäbe eine Völkerrechtsgemeinschaft. Als solche betrachtete man zunächst die christlichen europäischen Staaten, später erkannte man auch die amerikanischen Staaten, die Türkei, Japan und einige andere Staaten als Angehörige der Völkerrechtsgemeinschaft an.

Die Auffassung, als ob es „eine" Völkerrechtsgemeinschaft gäbe, ist ungenügend. Die zur sogenannten Völkerrechtsgemeinschaft gehörigen Staaten unterstehen keineswegs einem einheitlichen Völkerrecht, vielmehr gelten nur wenige Völkerrechtssätze für sie alle. Die meisten Völkerrechtssätze gelten nur für einige unter ihnen, so daß also innerhalb dieser Völkerrechtsgemeinschaft sich mancherlei engere Völkerrechtsgemeinschaften absondern. Ferner steht eine Reihe von Staaten dieser Völkerrechtsgemeinschaft in rechtlich geregelten Beziehungen zu solchen Staaten, die von der üblichen Auffassung nicht der Völkerrechtsgemeinschaft zugezählt werden, z. B. zu China, Siam und Persien. Endlich können wir nicht zweifeln, wenn dies auch noch nicht genügend erforscht ist, daß auch unter solchen Staaten, die nicht als Glieder der Völkerrechtsgemeinschaft anerkannt sind, rechtlich geregelte Beziehungen bestehen, die den Charakter des Völkerrechts haben.

Danach ist es verfehlt, von „einer" Völkerrechtsgemeinschaft zu reden. Diese Auffassung ist vergleichbar der früheren Auffassung, die die Erde als den Mittelpunkt des Weltalls oder das Christentum als die einzige wirkliche Religion betrachtete. Vielmehr gibt es zahlreiche Völkerrechtsgemeinschaften. Eine Völkerrechtsgemeinschaft ist überall vorhanden, wo mehrere Staaten zu einander in rechtlich geregelten Beziehungen stehen. Wer möchte es wagen, wenn er durch geschichtliche Forschung im Verhältnis der ostasiatischen Staaten des 18. Jahrhunderts zu einander feste Grundsätze des Gesandtschafts- und Kriegsrechtes, Verträge über Fremden- und Schiffahrtswesen auffände, das Vorhandensein von Völkerrecht zu leugnen? Die

Wissenschaft des Völkerrechts darf nicht von einem engen europäischen Standpunkt aus dieses Völkerrecht beiseite schieben, muß es vielmehr zum Gegenstand der Forschung machen, in der Erwartung, daß ihr dadurch reiche Anregungen zuteil werden.

Die Eigenart des Völkerrechts liegt darin, daß es die Beziehungen von Staaten zu einander regelt. Hieraus folgt die wichtige Tatsache, daß hinter dem Völkerrecht keine staatliche Autorität und kein staatlicher Zwang stehen kann. Überstaatliches Recht muß auf staatliche Zwangsmittel verzichten. Daraus ergibt sich eine gewisse Schwäche des Völkerrechts. Die Staaten werden zur Befolgung des Völkerrechts durch keinen so starken Druck genötigt wie ihre Angehörigen zur Befolgung des innerstaatlichen Rechts. Sobald bei mächtigen Staaten starke Interessen dem bestehenden Völkerrecht zuwiderlaufen, ist die Gefahr sehr groß, daß ein Bruch des Völkerrechts erfolgt.

Indessen ist es unrichtig, hieraus, wie es nicht selten geschehen ist, den Schluß zu ziehen, daß das Völkerrecht gar kein richtiges Recht sei. Alles Recht hat auf frühen Stufen der Entwicklung die Schwäche gehabt wie heute das Völkerrecht. Das Recht ist älter als der Staat. Bei jenen Ureinwohnern Australiens und Afrikas, deren höchste Vereinigungsform noch die Familien-, Dorf- oder Stammesgemeinschaft ist, haben wir doch schon mancherlei Rechtssätze. Erst lange nachdem das Recht entstanden ist, treten besondere Einrichtungen zum Zwecke seiner Durchsetzung auf. Daher gehört es keineswegs zum Wesen des Rechts, daß es durch staatlichen Zwang durchgesetzt werden kann.

Das Völkerrecht in seiner Eigenschaft als überstaatliches Recht kann seinem Wesen nach staatlicher Durchsetzungsmittel nicht teilhaftig werden. Es ist darum aber nicht minder Recht. Es ist bei den Kulturvölkern heute noch von der Art, wie sie dem Privatrecht nur auf frühen Entwicklungsstufen eigen war.

Wie bei den Buschmännern jemand, dem ein anderer seinen Speer weggenommen hat, keine besondere Einrichtungen zur Verfügung hat, um sein Eigentum wieder zu erlangen, sondern es sich entweder selbst wiedernehmen oder sich die Hilfe eines Mächtigen zu diesem Zwecke verschaffen muß, genau so hat ein Staat, dessen Neutralität völkerrechtswidrig verletzt wird, demgegenüber nur das Mittel, zur Selbsthilfe zu schreiten oder sich die Unterstützung eines stärkeren Staates zu verschaffen. In beiden Fällen ist trotz der mangelhaften Durchsetzbarkeit Recht vorhanden.

Die Bedeutung des Rechts besteht viel weniger darin, daß Rechtsverletzungen ausgeglichen, als darin, daß solche überhaupt verhindert werden. Die öffentliche Aufmerksamkeit lenkt sich auf das Recht allerdings in der Regel nur dann, wenn eine Rechtsverletzung erfolgt: an mein Eigentum pflege ich nur zu denken, wenn meine Sache mir weggenommen oder beschädigt wird. Aber seine Hauptwirksamkeit entfaltet das Recht in den unzähligen Fällen, wo infolge seines Daseins die Verletzung unterbleibt. Es wirkt still und lautlos wie eine gute Frau. Mit dem Recht ist es ähnlich wie mit den menschlichen Organen. Unser Herz und unsere Lunge arbeiten fortwährend, aber wir werden auf sie erst aufmerksam, wenn irgend etwas nicht in Ordnung ist. Ebenso wirkt das Eigentumsrecht immerfort, es verhütet, daß uns unsere Sachen weggenommen oder beschädigt werden, aber wir beachten es erst in dem Augenblick seiner Verletzung.

Was hier vom Recht im allgemeinen gesagt ist, das gilt auch vom Völkerrecht. Die Sätze des Völkerrechts entfalten fortwährend eine wenig beachtete Wirksamkeit, indem sie Verletzungen der mannigfachsten Art verhindern, aber aufmerksam wird man auf sie erst in den Fällen, in denen diese Wirksamkeit einmal ausbleibt. Ihre große Bedeutung liegt vor allem darin, daß sie auf den Willen der gewissenhaft geleiteten Staaten einen beständigen Druck ausüben, der die Verletzung verhütet, sodann aber doch auch darin, daß sie, wenn dennoch einmal eine Verletzung erfolgt, dem verletzten Staat eine gewisse Aussicht auf die diplomatische, unter Umständen auch militärische Unterstützung anderer Staaten eröffnen.

Nur der Paragraphenjurist, für den eigentlich nur das Bürgerliche Gesetzbuch, die Zivilprozeßordnung und das Strafgesetzbuch da sind, dessen rechtsgeschichtliche Kenntnisse allenfalls bis zu den zwölf Tafeln und dem Sachsenspiegel zurückreichen und der niemals auf den Gedanken gekommen ist, sich mit dem Urrecht der Kulturvölker oder gar mit dem Recht der Naturvölker zu beschäftigen, kann heute noch der Meinung sein, daß zum Wesen des Rechts der staatlich organisierte Zwang gehöre, und daß deshalb das Völkerrecht kein Recht sei.

2.

Will man nicht in beständiger Gefahr sein, gestriges Recht für heutiges zu halten, so gilt es, den Wandlungen des Völkerrechts aufmerksam zu folgen. Das ist nicht so leicht wie beim innerstaatlichen Recht, bei welchem die Gesetz- und Verordnungsblätter, allenfalls ergänzt durch eine Sammlung von Gerichtsentscheidungen, ausreichenden Aufschluß geben. Man muß tiefer eindringen und sich vollkommen darüber im klaren sein, auf welche Weise neues Völkerrecht entstehen und damit altes erlöschen kann. Wie alles Recht, so kann auch das Völkerrecht auf zwei Arten entstehen: als geschriebenes und ungeschriebenes Recht.

Beim geschriebenen Recht (man pflegt es, weil das Wort etwas eng ist, auch wohl „gesetztes Recht" zu nennen) wird der Rechtsinhalt in Worten festgelegt. Beim innerstaatlichen Recht geschieht dies durch ein damit betrautes staatliches Organ: die deutschen Reichsgesetze werden vom Kaiser, die Verordnungen von mancherlei Behörden verkündet. Für die Entstehung des Völkerrechts fehlt es an einem solchen Organ, daher kann geschriebenes Völkerrecht nur durch zusammenwirkende Erklärungen verschiedener Staaten, genauer der zuständigen Organe dieser Staaten, zustande kommen. Diese zusammenwirkenden Erklärungen pflegt man als Vereinbarungen oder mit ähnlichen Ausdrücken zu bezeichnen. Die Vereinbarung ist die eine Art, auf welche Völkerrecht entstehen kann.

Man ist der Ansicht, daß die völkerrechtliche Vereinbarung ihrem Wesen nach nur die Staaten bindet, die ihr zugestimmt haben. Diese Ansicht ist unzutreffend und beruht auf mangelhafter Einsicht in die Entstehungsgesetze des Rechts. Während es im Rahmen bestehenden Rechts zum Abschluß eines Vertrages der Zustimmung aller derer bedarf, die durch den Vertrag verpflichtet werden sollen, ist zur Entstehung neuen Rechts keineswegs die Zustimmung aller derer nötig, für die es gelten soll. Bei der Entstehung neuen Rechts müssen nur so viele zustimmen, wie erforderlich sind, um einen genügenden Druck auf die andern auszuüben. Als in Portugal das Königtum durch die Republik ersetzt wurde, da waren damit durchaus nicht alle Portugiesen einverstanden, aber die Zahl und Macht der einverstandenen genügte, um die Änderung der Verfassung durchzudrücken.

Das gilt auch für das Völkerrecht. In den Jahren 1780 bis 1783, während des Krieges zwischen England, den Vereinigten Staaten, Frankreich und Spanien, schlossen sich Rußland, Dänemark, Schweden, die Niederlande, Preußen, Österreich, Portugal und beide Sizilien zur „bewaffneten Neutralität" zusammen. Sie stellten gewisse Grundsätze für die Behandlung neutraler Schiffe durch die Kriegführenden auf und beschlossen, deren Befolgung von den Kriegführenden zu erzwingen. Damals war man auf dem besten Wege, durch Vereinbarung Völkerrecht zu schaffen, dessen Geltung über den Kreis der sich Vereinbarenden hinausreichte, nur die Macht fehlte. Als aber 1899 Deutschland, Österreich=Ungarn, Belgien, Dänemark, Spanien, die Vereinigten Staaten von Amerika, Frankreich, Großbritannien, Italien, Japan, die Niederlande, Rußland und viele andere Staaten sich im Haag über die Gesetze und Gebräuche des Landkrieges einigten und dabei ausmachten, daß ihr Abkommen keine Anwendung finden solle, wenn an einem Kriege zwischen Vertragsparteien auch eine Nicht=vertragspartei teilnehme, da wären diese Staaten durchaus in der Lage gewesen, zu vereinbaren, daß der Inhalt ihres Abkommens für alle Staaten der Erde gelten solle. Denn die Vertragsstaaten waren stark genug, wenn sie die allgemeine Geltung der von ihnen vereinbarten Grundsätze nur ernsthaft wollten, einen Druck auszuüben, der allenthalben ihre Befolgung gewährleistete. Damit wäre ein Völkerrecht zustande gekommen, das alle Staaten, auch die dem Abkommen nicht beigetretenen, Schweden und Norwegen und die Türkei, gebunden und in künftigen Kriegen auch bei Teilnahme der Türkei oder eines anderen nicht beigetretenen Staates Anwendung gefunden hätte.

Indessen ist man diesen Weg bisher nicht gegangen. Völker=rechtliche Vereinbarungen, die über die Zustimmenden hinaus für einen größeren Staatenkreis gelten wollen, sind nicht zu=stande gekommen. Zum Teil beruht dies wohl darauf, daß man, durch völkerrechtliche Irrlehren getäuscht, sich der Macht zur Schaffung allgemein verbindlichen Völkerrechts nicht be=wußt geworden ist; zum Teil darauf, daß man sich durch Rück=sicht auf die Selbständigkeit der anderen Staaten von der Schaffung solches Völkerrechts hat abhalten lassen; zum Teil endlich darauf, daß unter den mächtigen Staaten nicht genug Einigkeit bestanden hat, um solches Völkerrecht zu schaffen. Obwohl daher an sich eine völkerrechtliche Vereinbarung auch einen weiteren, von ihr selbstherrlich festgesetzten Kreis von

Staaten binden könnte, so binden doch die bis jetzt abgeschlossenen völkerrechtlichen Vereinbarungen allerdings nur die Staaten, die ihnen beigetreten sind.

Beim **ungeschriebenen Recht** tritt der Rechtsinhalt nur in seiner Befolgung zutage. Die Sätze des ungeschriebenen Rechts sind nicht in Worten festgelegt, aber dennoch richtet man sich nach ihnen. Neues ungeschriebenes Recht kann auf zwei Arten zustande kommen. In der Regel entsteht es langsam, durch **Gewohnheit**, allmählich gewöhnt man sich, statt eines früheren Rechtssatzes einen neuen zu befolgen. Auf diese Weise erfolgte z. B. die sogenannte Rezeption des römischen Rechts in Deutschland: niemand ordnete seine Geltung an, dennoch aber unterlag das deutsche Volk seinem Einfluß, in ähnlicher Weise wie dem der antiken Kunst und Philosophie. Zuweilen entsteht ungeschriebenes Recht aber auch plötzlich, durch **Revolution**, eine Verschiebung der Machtverhältnisse führt in kurzer Zeit zur Entstehung neuen Rechts. Änderungen des Staatsrechts vollziehen sich nicht selten auf diese Weise. Die nachher von den Revolutionären in der Regel ausgehenden Verfassungserlasse schaffen nicht erst die Rechtsänderung, sondern setzen sie voraus. Denn solche Verfassungserlasse können ja nur wirksam sein, wenn die Erlassenden die Befugnis zum Erlaß haben. Diese Befugnis aber gab ihnen keinesfalls das alte geschriebene, sondern nur neues revolutionär entstandenes ungeschriebenes Recht.

Auf früher Kulturstufe ist alles Recht ungeschriebenes Recht. Später vermag dann das ungeschriebene Recht im Wettbewerb mit dem geschriebenen sich nicht zu behaupten. Die Gesetzgebungsmaschine liefert eine solche Fülle von geschriebenem Recht, daß das ungeschriebene gewissermaßen im Wachstum erstickt wird. Daher hat das ungeschriebene Recht auf dem Gebiete des innerstaatlichen Rechts heute nur noch geringe Bedeutung. Anders liegt es auf dem Gebiete des Völkerrechts.

Völkerrechtliche Vereinbarungen kommen viel schwerer zustande als Staatsgesetze, und je wichtiger die zu regelnden Fragen sind, desto schwieriger läßt sich eine Einigung erzielen. Völkerrechtliche Vereinbarungen binden überdies nach dem Sinne, in dem sie heute abgeschlossen werden, nur die Staaten, die ihnen beigetreten sind, und haben auch dadurch nur beschränkte Bedeutung. Infolgedessen spielt immer noch das ungeschriebene Recht eine große Rolle. So ist z. B. der wichtigste Satz des gesamten Völkerrechts, der Satz, daß völkerrechtliche Verträge gehalten werden müssen, ungeschriebenes Recht.

Dieser Rechtssatz ist schon so lange in unbezweifelter Geltung, daß man sich die Frage ersparen kann, wann er zu gelten begonnen hat. Aber wir erleben es auf dem Gebiete des Völkerrechts doch auch fortwährend, daß sich neues ungeschriebenes Recht bildet. Zunächst finden einzelne Handlungen statt, die dem bisherigen Völkerrecht zuwiderlaufen; diese Handlungen wiederholen sich; schließlich muß man sagen, daß in ihnen eine neue Rechtsüberzeugung zur Erscheinung kommt und daß damit neues Völkerrecht an die Stelle des alten getreten ist. Hier erhebt sich die wichtige Frage: wann ist ein solcher Prozeß soweit gediehen, daß man einen neuen Rechtssatz als entstanden annehmen darf?

Beim innerstaatlichen Recht ist diese Frage viel erörtert worden, allerdings ohne genügende Berücksichtigung des revolutionär entstandenen Rechts. Man hat untersucht, eine wie lange dauernde Gewohnheit erforderlich ist, um einen Satz des ungeschriebenen Rechts zur Entstehung zu bringen, und wie zahlreich die Handlungen sein müssen, in denen sich die Gewohnheit darstellt. Die Antwort kann nicht zweifelhaft sein. Es kommt weder darauf an, wie lange noch wie oft man sich über das bisherige Recht hinweggesetzt hat, sondern allein darauf, daß eine neue Rechtsüberzeugung zur unzweifelhaften Erscheinung kommt. Hierbei ist ein Unterschied zwischen dem durch Gewohnheit entstandenen und dem revolutionär entstandenen Recht. Neues Gewohnheitsrecht wird man nur auf Grund zahlreicher, einen längeren Zeitraum füllender Handlungen anerkennen, revolutionär entstandenes Recht dagegen schon auf Grund weniger schnell aufeinanderfolgender Handlungen, sofern sie nur zum sichern Ausdruck bringen, daß eine neue Rechtsüberzeugung zur Herrschaft gelangt ist.

Ganz das gleiche gilt auf dem Gebiete des Völkerrechts. Eine neue Rechtsüberzeugung kann sich hier langsam, sie kann sich aber auch mit großer Schnelligkeit Bahn brechen. Will man wissen, ob ein neuer ungeschriebener Satz des Völkerrechts entstanden ist, so darf man deshalb nicht die sehr äußerliche Frage stellen, wie häufig und während eines wie langen Zeitraumes schon dem bis dahin geltenden Völkerrecht zuwidergehandelt worden ist. Sondern man muß sich fragen, ob es sich hier nur um einzelne Verletzungen des bisherigen Völkerrechts handelt, das immerhin noch von den Staaten als geltend empfunden wird, oder ob sich bereits durch Gewohnheit oder völkerrechtliche Revolution der unwiderrufliche Übergang zu einer neuen Rechtsüberzeugung vollzogen hat, infolge dessen nicht mehr zu erwarten ist, daß sich die Staaten noch nach dem früheren Recht richten werden.

Das ungeschriebene Recht hat die gleiche Kraft wie das geschriebene. Geschriebenes Recht kann daher durch ungeschriebenes beseitigt werden. Wie die Gesetze und Verordnungen des innerstaatlichen Rechts, so können also auch völkerrechtliche Vereinbarungen durch Gewohnheit und durch revolutionäre Rechtsbildung außer Kraft treten.

Zweites Kapitel.
Die Verschärfung der Kriege und das Völkerrecht.

1.

Die Bearbeiter des Völkerrechts pflegen sich mehr mit den Vereinbarungen über den Krieg als mit dem Kriege selbst zu beschäftigen. Das führt zu Irrtümern. Wenn man ein Lehrbuch des Völkerrechts zur Hand nimmt und die lange Reihe der vom Geiste der Menschlichkeit diktierten Vereinbarungen betrachtet, die Pariser Seerechtsdeklaration, die Genfer Konvention, das Haager Abkommen betreffend die Gebräuche des Landkrieges und so fort, so könnte man den angenehmen Eindruck gewinnen, als sei es dem Völkerrecht im Laufe der Jahrzehnte gelungen, dem Kriege einen Zahn nach dem andern auszubrechen. In Wirklichkeit ist es umgekehrt. Trotz alles Völkerrechts haben sich die Kriege immer mehr verschärft. Ja gerade das Jahrhundert, in welchem das Völkerrecht in seiner ganzen Geschichte den größten Aufschwung genommen hat, ist zugleich das Jahrhundert der größten Verschärfung der Kriege gewesen.

Gewisse Greuel, die früher eine unvermeidliche Begleiterscheinung des Krieges waren, sind allerdings durch den Fortschritt der Menschlichkeit zurückgedrängt worden. Noch im 16. und 17. Jahrhundert wurde der Krieg mit sinnloser Roheit und Grausamkeit geführt. Gefangene wurden getötet, Frauen entehrt, Kinder verschleppt, Städte und Dörfer niedergebrannt oder ausgeplündert. Dem feindlichen und nicht selten auch dem eigenen Lande wurden völlig unnötige, zur Niederwerfung des Gegners in keiner Weise wirksame Leiden zugefügt. Solche Ausschreitungen, die mit dem Kriegszweck in keinem Zusammenhang stehen, hat man mehr und mehr vermeiden gelernt, heute werden sie nur noch von den verbrecherischen Elementen begangen, die kein Heer sich fernzuhalten vermag. Aber auf der andern Seite hat man freilich gelernt, immer größere Kräfte und Mittel in den Dienst des Krieges zu zwingen, und sich gewöhnt, den Kriegszweck immer zielbewußter und gefühlloser zu verfolgen.

Jahrhunderte lang war der Krieg nur eine Angelegenheit der Regierungen gewesen, der die Völker ziemlich teilnahmlos gegenüberstanden. Die vierzehn Volksheere, die sich 1793 in Frankreich gegen die Gegner der jungen Republik bildeten, bedeuten den Beginn einer neuen Zeit. Seitdem ist der Krieg zu einer Sache der Völker geworden. Napoleon hatte die ganze Kraft des französischen Volkes zu Gebote. Wollten die andern Staaten widerstehen, so mußten auch sie den Krieg zur Volkssache machen, und dies geschah denn auch auf verschiedene Art in Spanien, in Österreich, in Rußland, in Preußen und im übrigen Deutschland. Der Krieg von 1813 wurde von Frankreich und seinen Gegnern mit einem bis dahin unerhörten Aufgebot von Kräften geführt. Die letzten hundert Jahre haben dann den Gedanken von 1793 immer mehr zur Verwirklichung gebracht und die Völker gewöhnt, ihre Kriege mit ihrer ganzen Menschenkraft, ihrer ganzen wirtschaftlichen Kraft und mit ihrem ganzen Herzen zu führen.

Die Schwere und Wucht des Krieges ist in den großen Staaten noch gesteigert worden durch die Vermehrung der Bevölkerung und das Wachsen des Volksvermögens. Je zahlreicher ein Volk ist, desto größerer Mittel bedarf es zu seinem Dasein; je wohlhabender es ist, desto mehr muß es danach trachten, seinen Wohlstand zu verteidigen. Mit dem Anwachsen der Bevölkerung und des Volksvermögens aber erlangt ein Volk auch immer mehr die Fähigkeit, den mühsam errichteten Bau seines Wirtschaftslebens zu verteidigen. Daher hat der große Aufschwung, der in den letzten hundert Jahren sich bei einer Reihe von Völkern vollzogen hat, zwar die Abneigung gegen Kriege gesteigert, aber doch auch die Wirkung erzeugt, daß ein Krieg, wenn er einmal unvermeidlich war, mit immer größerer Kraft und Zähigkeit geführt wurde.

In hohem Maße ist die Heftigkeit der Kriege durch die Entwicklung der Technik gefördert worden. Erfindung ist auf Erfindung gefolgt. Die Kriegführung hat sich alle irgend geeigneten Erfindungen nutzbar gemacht: das Dampfschiff, die Eisenbahn und das Automobil, das Luftschiff und das Flugzeug, den Telegraphen und das Telephon, den Scheinwerfer, die Starkstromleitung und so fort. Bedeutende Erfindungen sind auch zu Zwecken der Kriegführung gemacht worden: man denke nur an den Torpedo und das Unterseeboot, an das Maschinengewehr und das Steilfeuergeschütz. Diese Entwicklung der Technik hat es nach und nach möglich gemacht, immer größere Heeresmassen ins Feld zu stellen, zu verpflegen und gesund zu erhalten. Sie hat die Möglichkeit geschaffen, bei Nacht wie bei Tage, im Winter wie im Sommer, im Hochgebirge wie in der Ebene, in der Luft wie zu Lande und auf dem Wasser zu kämpfen, und damit sozusagen die zeitlichen und räumlichen Schranken des Krieges beseitigt. Sie hat den Kriegführenden Vernichtungsmittel von nie geahnter Zahl und Wirkungskraft in die Hand gegeben und es ihnen möglich gemacht, die Industrien der ganzen Erde in den Dienst des Krieges zu stellen.

Ganz besonders hat zur Verschärfung der Kriege der moderne Rechengeist, der Geist nüchternen Zielbewußtseins beigetragen. Mancherlei Ursachen haben zusammengewirkt, um diesen Geist zu schaffen. Durch die Aufklärung, die große Revolution und das Kaisertum ergoß sich ein Strom von französischem Intellektualismus über ganz Westeuropa. In der Folge führte das Anwachsen der Bevölkerungszahlen zu einer Verschärfung des Kampfes ums Dasein, der das Handeln der

Die Verschärfung der Kriege und das Völkerrecht. 17

Menschen mehr und mehr in das Joch der Zweckmäßigkeit spannte. Die im engsten Zusammenhang damit aufblühende Technik gewöhnte die Menschen noch mehr an streng berechnetes Handeln. Dieser moderne Geist hat sich nach und nach immer schärfer ausgeprägt. Im wirtschaftlichen Leben sucht heute das Taylorsystem sogar bei der Verwertung der menschlichen Arbeitskraft den Zufall auszuschalten. Aber auch Wohnung, Kleidung, Nahrung und Gesundheitspflege, ja selbst Eheschließung und Kindererzeugung werden immer mehr in die Bahn einer strengen, freudlosen Zweckmäßigkeit gelenkt.

Dieser Geist hat sich auch der Kriegführung in steigendem Maße bemächtigt. Der erste, der den Krieg ganz zielbewußt, ganz mit dem Verstande und infolgedessen ohne alle Rücksichten des Gefühls führte, war zugleich der erste große moderne Mensch, Napoleon. Seitdem ist dieser Geist der Kriegführung immer reiner entwickelt worden. Immer schärfer hat man die Frage nach den besten Mitteln zur Vernichtung des Feindes gestellt und immer entschlossener bei Beantwortung dieser Frage jedes Gefühl, Bequemlichkeit, Ehrliebe, Mitleid, Frömmigkeit, ausgeschaltet. Man lächelte in Europa, als die frommen Buren jeden Sonntag die Beschießung von Ladysmith einstellten, und in diesem Kriege haben die Franzosen ihre Toten nicht nur unbestattet gelassen, sondern mit gräßlicher Berechnung sogar unsere Truppen an der Bergung verhindert. So ist der Krieg aus einem ritterlichen Spiel zu einem furchtbaren, mit dem bittersten Ernst betriebenen Geschäft geworden.

Drei Ursachen sind es also, die ungeachtet des Fortschrittes der Menschlichkeit zur Verschärfung des Krieges beigetragen haben: daß durch die veränderte Wehrverfassung immer größere Kräfte in seinen Dienst gezwungen worden sind; daß die Technik ihm immer wirksamere Vernichtungsmittel geliefert hat; daß der moderne Geist immer zielbewußter sich entschlossen hat, von diesen Kräften und Mitteln rücksichtslosen Gebrauch zu machen.

2.

Wenn wir heute auf die Kriegführung Friedrichs des Großen zurückblicken, so kommt sie uns vor wie ein Idyll. Man kämpfte auf einem engen Raum, Winterquartiere bildeten lange Pausen, die Schlachten waren kurz und wenig zahlreich, die Verluste gering. Der Krieg beschränkte sich im wesentlichen auf die Heere, das Land litt wenig. Nur dadurch war es möglich, daß das arme Preußen sieben Jahre lang einen zum größten Teil auf seinem Gebiet geführten Krieg ertragen konnte.

Wie ist das alles inzwischen anders geworden! Seit sich im Jahre 1793 die Heere der französischen Republik in Bewegung setzten, ist der Umfang der Kriege ungeheuer gewachsen. Heere von Millionen Kämpfern sind einander gegenübergetreten. Die Mächte mit überseeischen Kolonien haben mehr und mehr die Scheu verloren, die Naturvölker zu bewaffnen und als Kampfwerkzeuge zu verwenden. Mit der Vermehrung der kämpfenden Kräfte ist eine Vergrößerung der Kriegsschauplätze Hand in Hand gegangen. Die Kämpfe bedecken ganze Länder und Erdteile. Sie werden durch keinerlei Schwierigkeiten des Geländes mehr aufgehalten, und schon kämpft man auch in der Luft.

Das Tempo des Krieges hat sich sehr beschleunigt. An die Stelle der ritterlichen Lässigkeit des 18. Jahrhunderts ist geschäftsmäßige Rastlosigkeit getreten. Hier ist Napoleon zum Vorbild geworden. Immer größere Märsche hat man den Truppen zugemutet, die „affenartige Geschwindigkeit" der Preußen von 1866 ist schon wieder überholt. Tages= und Jahreszeiten gebieten keinen Halt mehr. Wellingtons „Ich wollte, es wäre Nacht oder die Preußen kämen!" hat seit der Verwendung des Scheinwerfers seinen Sinn verloren, die Nacht ist keine Kampfpause mehr. Aber ebensowenig sind es die Sonn- und Feiertage, ja diese werden nicht selten zum Angriff bevorzugt, um den Gegner zu überraschen oder zu ermüden. Auch im Winter wird der Kampf fortgesetzt, der Begriff der Winterquartiere gehört der Vergangenheit an. Sogar die Pausen zur Bestattung der Gefallenen sind verschwunden. Seit Napoleon sucht man den Sieg durch unaufhaltsame Verfolgung auszunutzen.

Die Vernichtungsmittel sind immer wirksamer geworden. Man hat die Feuerwaffen mehr und mehr zu verbessern verstanden und ganz neue Erfindungen hinzugefügt. Im Landkriege sind zu den Gewehren und Maschinengewehren, den mit immer stärkerer Sprengladung versehenen Geschützen, den Handgranaten die Minen und der Gasangriff hinzugekommen, im Seekriege zu den schweren Schiffsgeschützen die Torpedos und Seeminen. Durch den Aufschwung der Rüstungsindustrie in den kämpfenden und neutralen Ländern stehen immer größere Mengen von allem diesem Kriegsbedarf zur Verfügung. So haben trotz der gleichzeitigen Verbesserung der Verteidigungsmittel, trotz der Stahlhelme, Schutzschilde und Schützengräben, die Verluste einen ungeheuern Umfang erreicht.

Also der Umfang der Kriege ist immer größer, ihr Tempo ist immer rasender, die Vernichtungsmittel sind immer wirksamer geworden. Die zwecklosen Greuel früherer Zeiten haben nachgelassen, aber dies wird hundertmal aufgewogen durch die Schrecklichkeit alles dessen, was man heute mit kaltem Blute verübt und auf sich nimmt, weil es der Erreichung des Kriegszieles dient.

Diese Entwicklung ist noch nicht abgeschlossen. Seit der Krieg auf allen Seiten mit der ganzen Wucht der Volkskraft geführt wird, seit die kämpfenden Völker in der Lage sind, immer größere Menschenmassen und Vermögenswerte und eine immer vollkommenere Technik in den Dienst ihres Kriegszweckes zu stellen, seit man sich gewöhnt hat, von allen diesen Mitteln einen durch keine Rücksicht gehemmten Gebrauch zu machen, müssen die Kriege notwendig mehr und mehr zu Vernichtungskriegen werden.

Wie sehr man sich über die Zukunftsmöglichkeiten der Kriegführung täuschen kann, zeigt uns Clausewitz. Im Rückblick auf die behagliche Kriegführung des 18. Jahrhunderts und unter dem frischen Eindruck der ungeheuern Napoleonischen Kriege war er der Meinung, daß jetzt der Krieg „seine absolute Gewalt erreicht" habe. Heute werden viele geneigt sein, das gleiche zu glauben. In Wirklichkeit scheint die Furchtbarkeit, freilich auch die Großartigkeit des Krieges einer unbeschränkten Steigerung fähig.

3.

Wie hat sich das Völkerrecht zu dieser allmählichen Verschärfung des Krieges gestellt? Man kann fast sagen: es hat beiseite gestanden.

Jedesmal, wenn ein neues wirksames Kriegsmittel eingeführt wurde, haben sich Stimmen geltend gemacht, die es vom sittlichen Standpunkt mißbilligten. Als die Handfeuerwaffen aufkamen, die mit einem Schlage den tapfern, kampferprobten Ritter dem mit einem Gewehr ausgerüsteten Knecht auslieferten, sprach man von feiger Kriegführung. Als die Engländer gegen Napoleon zuerst Schrapnells anwandten, wurden diese von den Franzosen für unmenschlich erklärt. Im gegenwärtigen Kriege werden die Gasangriffe auf ähnliche Weise mißbilligt, und man streitet nur darüber, wer von diesem Kampfmittel zuerst Gebrauch gemacht hat. Auf die Entwicklung des Völkerrechts haben alle diese Klagen und Anklagen so gut wie gar keinen Einfluß gehabt.

Als die Volksbewaffnung aufkam, hat das Völkerrecht das Eingreifen von Freischaren nicht etwa untersagt, sondern nur bestimmte Anforderungen für sie aufgestellt: einen Führer, aus der Ferne erkennbare Abzeichen, offene Führung der Waffen, Beobachtung der Kriegsgesetze. Dieser Satz ist später in dem zweiten Haager Abkommen von 1899 und in dem vierten Haager Abkommen von 1907 ausdrücklich niedergelegt worden. Ebenso haben die Sprenggeschosse beim Völkerrecht keinerlei Widerstand gefunden, das Völkerrecht suchte nur zu mildern. In der Petersburger Deklaration von 1868 verpflichtete sich eine Reihe von Mächten, keine Sprenggeschosse unter 400 Gramm Gewicht zu verwenden. Eine ähnliche Stellung nahm das Völkerrecht gegenüber den Seeminen ein. Als ihre Wirksamkeit im russisch-japanischen Kriege zutage getreten war, da erklärte man sie keineswegs für ein widerrechtliches Kampfmittel; vielmehr erkannte man sie in dem achten Haager Abkommen von 1907 als berechtigt an, vorausgesetzt daß durch Verankerung oder, bei unverankerten Minen, durch schnelles Unschädlichwerden eine Gefahr einigermaßen ausgeschlossen ist. Nach den ersten Erfolgen der Luftschiffahrt vereinbarte man in der ersten Haager Erklärung von 1899, das Werfen von Geschossen und Sprengstoffen aus Luftschiffen solle für die Dauer von fünf Jahren verboten sein; mehr war nicht zu erreichen.

So ist es überhaupt gewesen. Die beiden Haager Abkommen, betreffend die Gesetze und Gebräuche des Landkrieges von 1899 und 1907 bezeichnen es als ihr Ziel, die Leiden des Krieges zu mildern, „soweit es die militärischen Interessen gestatten". Das Völkerrecht hat der Kriegführung aus Gründen der Menschlichkeit immer nur solche Einschränkungen auferlegt, die ohne erhebliche Gefährdung des Kriegszieles möglich waren. Es hat sich damit begnügt, den Satz aufzustellen, daß dem Gegner alle zwecklosen Leiden möglichst zu ersparen sind, d. h. daß ihm keine Leiden zugefügt werden dürfen, die entweder der Erreichung des Kriegszieles überhaupt nicht dienen oder im Verhältnis zu ihrem Nutzen übermäßig groß sind. Aus diesem Satz des ungeschriebenen Rechts hat man in Vereinbarungen eine Anzahl Folgerungen gezogen, indem man Handlungen verbot, von denen man annahm, daß sie der bürgerlichen Bevölkerung des feindlichen Staates oder der feindlichen Waffenmacht zwecklose Leiden auferlegten, und Handlungen gebot, die geeignet schienen, die unvermeidlichen Leiden ohne Beeinträchtigung des Kriegszieles zu lindern.

So hat man in dem zweiten Haager Abkommen von 1899 und in dem vierten Haager Abkommen von 1907 bestimmt, daß unbefestigte und unverteidigte Orte nicht beschossen werden dürfen, daß Orte, auch wenn sie im Sturm genommen sind, nicht geplündert werden dürfen, daß in einem besetzten Gebiet das Leben, die Gesundheit und die Ehre der Bürger nicht angetastet werden dürfen. In diesen beiden Abkommen hat man auch verboten, Waffen zu verwenden, die geeignet sind, unnötigerweise Leiden zu verursachen, oder einen Feind, der die Waffen streckt und sich auf Gnade und Ungnade ergibt, zu töten oder zu verwunden. Man hat in ihnen auch vorgeschrieben, daß die Kriegsgefangenen mit Menschlichkeit zu behandeln sind, daß ihnen Nahrung, Kleidung und Unterkunft auf dieselbe Weise zu gewähren sind wie den eigenen Truppen, daß ihr Eigentum zu achten ist. In den Genfer Konventionen von 1864 und 1906 und in dem zehnten Haager Abkommen von 1907 hat man eine Fülle von Bestimmungen getroffen, die dafür sorgen, daß verwundete und kranke Angehörige der kämpfenden Heere möglichst gute Pflege finden und daß der Heildienst durch die Kriegführung möglichst wenig gestört wird.

Auf jenen Grundsatz und auf diese und ähnliche Einzelvorschriften hat sich das Völkerrecht beschränkt. Der Kriegführung hat es bei der Heranziehung von immer neuen und immer wirksameren Mitteln zur Vernichtung des Gegners niemals irgendwelchen Widerstand entgegengesetzt. Den mächtig wachsenden Baum des Krieges hat das Völkerrecht nicht in seiner Entwicklung zu hemmen vermocht, es hat sich begnügen müssen, immer wieder die Spitzen seiner Zweige zu beschneiden. Die Ursache ist klar. Neues Völkerrecht kann nicht durch den Willen der kleinen, sondern nur durch den der großen und mächtigen Staaten zustande kommen. Gerade die kraftvollsten Staaten aber sind am wenigsten geneigt, sich völkerrechtlichen Beschränkungen zu unterwerfen, die sie künftig einmal an einer möglichst wirksamen Kriegführung hindern könnten. Deshalb erklären sie sich höchstens mit kleinen Milderungen des Kriegsrechts einverstanden, die dem Almosen gleichen, mit dem man einen lästigen Bettler abfindet.

Hat man dies alles erkannt, weiß man, wie wenig das Völkerrecht die Verschärfung der Kriege zu hindern vermocht hat, so unterläßt man es lieber, gegenüber dem Riesen Krieg immer wieder nach dem Schutzmann Völkerrecht zu rufen.

Drittes Kapitel.
Krieg und Volk.

1.

Im Laufe der letzten Jahrhunderte sind die Kriege immer mehr aus einer bloßen Sache der Regierungen zu einer Sache der Völker geworden, durch die äußeren wie durch die seelischen Kräfte, mit denen sie geführt wurden.

In den Kriegen des 16. und 17. Jahrhunderts kämpften fast ausschließlich geworbene Söldner. Sie kamen aus aller Herren Ländern, und die Kriegführung hatte nur insofern eine Grundlage im Volk, als dieses dem Fürsten die Mittel lieferte, um die Söldner zu bezahlen.

Gegen Ende des 17. Jahrhunderts kam dann der Gedanke der allgemeinen Wehrpflicht auf. Friedrich Wilhelm I. von Preußen erklärte in einem Mandat von 1714, daß die Untertanen nach göttlicher Ordnung ihrem Landesherrn mit Gut und Blut zu dienen verpflichtet seien. Dieser Gedanke wurde zunächst allerdings nur unvollkommen durchgeführt. In Preußen z. B. beruhte das 1733 von Friedrich Wilhelm I. eingeführte und von seinen Nachfolgern festgehaltene Kantonsystem zwar auf dem Gedanken der allgemeinen Wehrpflicht, aber zahlreiche Klassen der Bevölkerung waren von der Wehrpflicht befreit, und infolgedessen bestand das Heer Friedrichs des Großen doch etwa zur Hälfte aus ausländischen Söldnern. Immerhin wurden die Kriege jetzt weit mehr als zuvor von jedem Volk mit seiner eigenen Kraft geführt.

Zur Durchführung ist in den meisten Staaten der Gedanke der allgemeinen Wehrpflicht erst infolge der französischen Revolution und der sich anschließenden Ereignisse gelangt. In Preußen gab man auf Betreiben Scharnhorsts die Werbung von Ausländern auf, beseitigte 1813 für die Dauer des Krieges fast alle Befreiungen von der Wehrpflicht und erließ 1814 ein neues Wehrgesetz, das alle Preußen vom 20. bis zum 39. Lebensjahre einer abgestuften Dienstpflicht im stehenden Heere und alle nicht zum stehenden Heere gehörigen Männer vom 17. bis zum 50. Lebensjahre der Landsturmpflicht unterwarf. Damit war das preußische Heer, wie König Wilhelm es in seiner Thronrede von 1860 ausdrückte, zu dem „preußischen Volk in Waffen" geworden. Eine ähnliche Entwicklung hat sich in fast allen Kulturstaaten vollzogen. Ihre kriegerische Leistungsfähigkeit beruht heute in allererster Linie auf der **Menschenkraft des Volkes**.

Mit der Durchführung der allgemeinen Wehrpflicht wurden die Heere immer größer. Um sie zum Kriegsdienst auszubilden, sie zu verpflegen, zu bekleiden und gesund zu erhalten, sie mit Kriegsbedarf zu versehen und auf den Kriegsschauplatz zu befördern, bedurfte es wachsender Mittel. Die Ausgaben für Heer und Flotte stiegen und spielten schließlich im Haushalt der Staaten die erste Rolle. Die Steuern bekamen allmählich die Hauptaufgabe, die Mittel zur Kriegführung oder zur Aufrechterhaltung des „bewaffneten Friedens" zu liefern. So wurde die Steuerkraft der Völker und also in letzter Linie ihr Wohlstand zu einer wichtigen Grundlage der Kriegführung. Nur ein reiches Volk kann heute die Mittel aufbringen, um alle seine diensttauglichen Männer zum Kriegsdienst auszubilden und den Friedens- und Kriegsbedarf dieses Heeres zu bezahlen.

Zu einer wirksamen Kriegführung gehört, daß aller Kriegsbedarf reichlich und in guter Beschaffenheit vorhanden ist und daß das wirtschaftliche Leben des Volkes durch den Krieg nicht zu heftige Erschütterungen erleidet. Je größer die Heere wurden, desto mehr mußten deshalb die Völker lernen, Gewehre, Geschütze, Kriegsschiffe, Uniformen, Konserven, Eisenbahnen möglichst vollkommen herzustellen und nach Ausbruch eines Krieges das gesamte wirtschaftliche Leben den veränderten

Verhältnissen anzupassen. Neben ihrem Reichtum an Kapital wurde auch ihre Tüchtigkeit in Landwirtschaft, Industrie und Verkehrswesen eine wesentliche Grundlage des Krieges. Heute ist die kriegerische Leistungsfähigkeit eines Staates durchaus abhängig von seiner wirtschaftlichen Kraft.

Die Anstrengungen, die der Krieg von den kämpfenden Völkern verlangt, sind immer größer geworden. Staatlicher Zwang kann nur einen Teil der Kräfte eines Volkes in Bewegung setzen. Wollte man die ganze Volkskraft ausnutzen, so bedurfte man immer mehr der willigen Unterordnung, der begeisterten Hingebung, der unerschütterlichen Zuversicht jedes einzelnen. Die Kriege der ersten französischen Republik, die deutschen Befreiungskriege haben die Bedeutung der Volksstimmung für den Ausgang eines Krieges der ganzen Welt gezeigt. Seitdem hat man auf diese Grundlage der Kriegführung das größte Gewicht gelegt. Durch Vorträge, Schriften, Flugblätter und ganz besonders durch die Presse suchen die Regierungen das eigene Volk von der Gerechtigkeit seiner Sache und von der Aussicht auf den Sieg zu überzeugen. Zugleich suchen sie durch alle irgend geeigneten Mittel die Stimmung des feindlichen Volkes zu erschüttern.

„Wenn wir in Deutschland," hat Bismarck 1888 im Reichstag gesagt, „einen Krieg mit der vollen Wirkung unserer Nationalkraft führen wollen, so muß es ein Krieg sein, mit dem alle, die ihn mitmachen, alle, die ihm Opfer bringen, kurz und gut, mit dem die ganze Nation einverstanden ist; es muß ein Volkskrieg sein; es muß ein Krieg sein, der mit dem Enthusiasmus geführt wird wie der von 1870, wo wir ruchlos angegriffen wurden. Es ist mir noch erinnerlich der ohrengellende, freudige Zuruf am Kölner Bahnhof, und so war es von Berlin bis Köln, so war es hier in Berlin. Die Wogen der Volkszustimmung trugen uns in den Krieg hinein, wir hätten wollen mögen oder nicht. So muß es auch sein, wenn eine Volkskraft wie die unsere zur vollen Geltung kommen soll." Heute wissen alle Regierungen, daß mehr als je der Ausgang der Kriege auch von den **seelischen Kräften** der Völker abhängt. In welchem Maße der Krieg nach und nach aus einer bloßen Sache der Regierungen zu einer Sache der Völker geworden ist, kommt zur lebendigen Anschauung, wenn man die Kriege vor zweihundert Jahren mit den heutigen Kriegen vergleicht. Damals Kabinettskriege, entbrannt durch den Willen, vielfach durch die Willkür der Regierungen und fortgeführt bis zum Sturz oder bis zur Sinnesänderung irgend eines Fürsten oder Ministers; da die Grundlage auf beiden Seiten ein beschränkter Kriegsschatz war, ängstliches Rechnen mit Geld und Menschen. Heute die Kriege eine Volksangelegenheit, unmöglich ohne die Tragkraft einer sei es auch noch so künstlich erzeugten Volksstimmung und fortgesetzt bis zur Erschöpfung eines der beteiligten Völker; Grundlage aber die ganze Menschen-, Wirtschafts- und Seelenkraft dieser Völker, daher ungeheure Verschwendung von Menschen und Mitteln. Als Napoleon bei Sedan gefangen war, da war der Krieg nicht zu Ende, wie er es vermutlich im 18. Jahrhundert gewesen wäre. Sondern der Mann, der zwei Monate vorher am bittersten die leichtfertige Kriegserklärung getadelt hatte, Gambetta, faßte das französische Volk zur unversöhnlichen Fortsetzung des Kampfes zusammen. Die Kriege sind eben gänzlich zur Sache der Völker geworden und werden geführt „mit der ganzen Schwere der beiderseitigen Nationalkraft" (Clausewitz).

2.

König Wilhelm von Preußen erklärte in seiner Proklamation an das französische Volk vom 11. August 1870: „Ich führe Krieg mit den französischen Soldaten und nicht mit den Bürgern Frankreichs. Diese werden demnach fortfahren, einer vollkommenen Sicherheit ihrer Person und ihres Eigentums zu genießen, und zwar so lange, als sie mich nicht selbst durch feindliche Unternehmungen gegen die deutschen Truppen des Rechtes berauben werden, ihnen meinen Schutz angedeihen zu lassen." Vielleicht der wichtigste Satz des Kriegsrechtes ist es seit Jahrhunderten gewesen, daß **der Krieg nicht zwischen den Völkern, sondern nur zwischen den Heeren und Flotten geführt wird.** Dieser Rechtssatz ist durch Gewohnheit zur Geltung gelangt. In einzelnen Anwendungen ist er dann durch mancherlei Vereinbarungen anerkannt worden. Man kann fast den Eindruck gewinnen, als ob er sich im Laufe der Zeiten immer schärfer ausgeprägt hätte.

In den Kriegen des Altertums und des Mittelalters und selbst noch im Dreißigjährigen Kriege waren die Verheerung des feindlichen Landes, die Plünderung seiner Städte, mancherlei Grausamkeiten gegen seine Bevölkerung gang und gäbe. Im 18. Jahrhundert kam man unter dem Einfluß der Aufklärung zu der Überzeugung, daß solche Handlungen zwecklos und bedenklich seien, daß sie dem Kriegsziele nicht dienten, unnötige Leiden verursachten und die Bevölkerung des eigenen Landes Vergeltungsmaßregeln aussetzten. Man gewöhnt sich, die Bevölkerung des feindlichen Landes möglichst zu schonen. Der Landkrieg beschränkte sich streng auf die Heere, die sich mit Hilfe von Magazinen selbst verpflegten. Kamen Plünderungen und Gewalttaten gegen Nichtkämpfer vor, so galten sie als Verbrechen. Nicht so enthaltsam war man im Seekrieg. In ihm erkannte man die Wegnahme feindlichen Privateigentums wegen der Abhängigkeit der meisten Länder vom überseeischen Verkehr schon früh als ein wertvolles Kriegsmittel. Deshalb ließ man auch nach dem Durchdringen der neuen Grundsätze nicht ab, den feindlichen Staat durch Wegnahme des auf See schwimmenden Eigentums seiner Bürger und durch Blockade seiner Küsten nach Möglichkeit zu schädigen. Aber alle un=

Krieg und Volk. 29

nötigen Leiden des Krieges suchte man der bürgerlichen Bevölkerung des feindlichen Landes zu ersparen. Dies Bestreben hat sich im 19. Jahrhundert verstärkt. Auch das Völkerrecht gewährte nach und nach der bürgerlichen Bevölkerung einen gewissen Schutz. Durch Gewohnheit entstand eine Reihe von schützenden Rechtssätzen. Fortan war es unerlaubt, das Leben, die Gesundheit, die Ehre der Bewohner des feindlichen Landes zu verletzen. Unbefestigte und unverteidigte Orte durften nicht beschossen, eroberte Orte nicht geplündert werden, im Landkrieg war feindliches Privateigentum überhaupt unverletzlich. In dem zweiten Haager Abkommen von 1899 und in dem vierten Haager Abkommen von 1907 haben die beteiligten Staaten sich diesen Rechtssätzen noch ausdrücklich unterworfen. Im Seekrieg erlangte das feindliche Privateigentum keinen Schutz. Die Pariser Seerechtsdeklaration von 1856 entzog es allerdings auf neutralen Schiffen der Wegnahme, aber dies geschah nicht um der Eigentümer, sondern einzig um des neutralen Handels willen.

Die Entwicklung der Kriegführung und des Völkerrechts zu Gunsten der bürgerlichen Bevölkerung hängt zusammen mit dem allgemeinen Fortschritt der Menschlichkeit. Die Tötung, Mißhandlung, Vergewaltigung von nicht kämpfenden Angehörigen des feindlichen Staates, die Beschießung unbefestigter Orte, die Plünderung eroberter Städte, die Wegnahme feindlichen Privateigentums zum mindesten zu Lande waren in früherer Zeit keine zielbewußt angewandte Mittel zur Erreichung des Kriegszieles, sondern nur Ausgeburten der Roheit und des Eigennutzes einzelner Menschen. Wenn die Staaten solche Handlungen duldeten, so geschah dies nicht, weil sie davon eine Förderung ihrer kriegerischen Unternehmungen erhofften, sondern unter dem Einfluß der nie ganz erloschenen uralten Vorstellung von der Rechtlosigkeit des Feindes. Allmählich haben sie es vermocht, sich von dieser Vorstellung zu befreien und damit zwecklosen Härten und Grausamkeiten ein Ziel zu setzen.

3.

Freilich soweit das Kriegsziel dies forderte, hat man sich niemals gescheut, in das Leben der bürgerlichen Bevölkerung einzugreifen.

Bei der Besetzung feindlichen Gebietes sind mannigfache Schädigungen der bürgerlichen Bevölkerung unvermeidlich: die Niederlegung von Häusern und Wäldern, die dem feindlichen Heere Deckung gewähren, die Beanspruchung von Quartieren für die Truppen, die Beitreibung von Nahrung, Holz, Kohlen, Pferden und Wagen und anderm Heeresbedarf, das Nehmen von Geiseln. Das Völkerrecht hat solche durch den Kriegszweck gebotene Handlungen immer als erlaubt anerkannt. Auf diesem Standpunkt stehen auch das zweite Haager Abkommen von 1899 und das vierte Haager Abkommen von 1907. Die Zerstörung und Beschädigung von feindlichem Privateigentum wird in ihnen gar nicht erwähnt. Die Heranziehung von solchem für die Bedürfnisse des Heeres wird für erlaubt erklärt, und es wird nur bare Zahlung oder, soweit solche nicht möglich, Empfangsbescheinigung vorgeschrieben.

Schwer wird die bürgerliche Bevölkerung durch die Belagerung von Festungen getroffen. Das Eigentum der miteingeschlossenen Nichtkämpfer ist durch die Beschießung gefährdet, ihr Leben und ihre Gesundheit sind den feindlichen Kugeln und auf die Dauer auch dem Hunger preisgegeben. Deshalb haben, besonders während des deutsch=französischen Krieges, manche behauptet, der Belagerer müsse den Nichtkämpfern den Abzug gestatten. Aber dieser Satz hat sich im Völkerrecht nicht durchzusetzen vermocht. Durch den Abzug der Nichtkämpfer würden Lebensmittel für die Besatzung der Festung verfügbar werden, ihr Abzug würde die Belagerung verlängern, die Leiden der Belagerung könnten ihnen also nur auf Kosten des Kriegszieles erspart werden. Darauf beruht es, daß eine völkerrechtliche Verpflichtung des Belagerers, den Nichtkämpfern den Abzug zu gestatten, weder durch Gewohnheitsrecht noch durch Vereinbarung zur Anerkennung gelangt ist.

Einer besonderen Härte ist die bürgerliche Bevölkerung der kriegführenden Länder von jeher im Seekrieg unterworfen. Die Handelsschiffe des feindlichen Volkes und das auf ihnen beförderte Eigentum seiner Bürger = können weggenommen werden, durch Blockade der Küsten kann das Wirtschaftsleben des feindlichen Volkes aufs ärgste gestört werden. Alle Bestrebungen, dem Privateigentum zur See den gleichen völkerrechtlichen Schutz zu verschaffen wie zu Lande, sind fruchtlos gewesen. Das ist kein Zufall und auch nicht die Folge des völkerrechtsfeindlichen Eigennutzes einzelner Staaten, sondern es beruht darauf, daß die Wegnahme des Privateigentums zu Lande kein wirksames Kriegsmittel ist, daß dagegen die Wegnahme zur See infolge der Abhängigkeit der meisten Länder vom überseeischen Verkehr den Gegner erheblich schwächen und so zur Erreichung des Kriegszieles beitragen kann.

Der Satz, daß der Krieg nicht zwischen den Völkern, sondern nur zwischen den Heeren und Flotten geführt wird, erleidet hiernach eine wichtige Einschränkung. Nur unnötige Leiden sind der bürgerlichen Bevölkerung des feindlichen Staates zu ersparen, dagegen darf sie den zur Erreichung des Kriegszieles nötigen Leiden ohne weiteres unterworfen werden.

Viertes Kapitel.
Auf dem Wege zum Völkerkrieg.

1.

Durch nichts wird die Kriegführung seit Napoleon mehr gekennzeichnet als durch die rücksichtslose Verfolgung des Kriegszieles. Man hat bittern Ernst mit dem Satze gemacht, daß, wer den Zweck will, auch die Mittel wollen muß. Man hat die Rücksicht auf die Bevölkerung des eigenen Landes fallen lassen, die noch 1806 den preußischen Soldaten verbot, wenn sie hungerten und froren, die nötigen Lebensmittel und das nötige Holz beizutreiben. Erst recht hat man darauf verzichtet, sich bei der Behandlung der feindlichen Bevölkerung von irgend einem andern Grundsatz leiten zu lassen als von dem Willen zum Siege.

Eine von diesem Geist beseelte Kriegführung konnte gegenüber der Tatsache, daß der Krieg immer mehr zur Volkssache geworden ist, daß er immer mehr auf der Menschenzahl, den wirtschaftlichen Mitteln und der Siegeszuversicht des gesamten Volkes beruhte, nicht schwanken. Je tiefer die kriegerischen Leistungen des Gegners in der gesamten Volkskraft wurzelten, desto wichtiger wurde es, diese Volkskraft durch jedes Mittel zu brechen. Damit aber mußte der Krieg aus einem Kriege gegen das feindliche Heer zu einem Kriege gegen das ganze feindliche Volk werden.

Tat aber einmal die Kriegführung diesen Schritt, so mußte das Völkerrecht folgen. Das Völkerrecht hat die Verschärfung der Kriegführung niemals zurückzuhalten vermocht. So mußte der Krieg nicht nur tatsächlich, sondern auch völkerrechtlich aus einem Kriege der Waffen zu einem Völkerkrieg werden. Diese Entwicklung hat sich in der Tat vollzogen.

Der erste Staat, der den Kampf gegen die bürgerliche Bevölkerung zielbewußt als Kriegsmittel angewandt hat, ist

England gewesen. Im 18. Jahrhundert, als der Krieg infolge des Fortschritts der Menschlichkeit in der übrigen Kulturwelt bereits zu einem bloßen Krieg der Heere und Flotten geworden war, weil man es für zwecklos hielt, auch die Bürger des feindlichen Landes seinen Leiden zu unterwerfen, hat es die Bedeutung von Kriegshandlungen erkannt, die man bis dahin nur gedankenlos und barbarisch vorgenommen hatte, und deshalb zähe an ihnen festgehalten. So schlägt es die Brücke von der alten zur neuen Zeit.

In den Kriegen, die es im 18. Jahrhundert führte, hat England Mittel weiter angewandt, die damals von der öffentlichen Meinung der Kulturvölker bereits allgemein mißbilligt wurden. Es hat feindliche Handelsschiffe aufgebracht, die Ladung, gleichviel ob sie feindliches oder neutrales Eigentum war, weggenommen und die Besatzung in Gefangenschaft gebracht. Es hat feindliche Güter auch von neutralen Schiffen weggenommen. Es hat seinen Bürgern verboten, den Angehörigen feindlicher Staaten bestehende Forderungen zu bezahlen und mit ihnen neue Geschäfte zu schließen.

Diese Maßregeln hatten ursprünglich nicht der Unterwerfung des Gegners gedient. Wenn in früheren Kriegen die Staaten die Gefangennahme feindlicher Bürger, die Wegnahme feindlichen Eigentums, die Nichterfüllung feindlicher Forderungen gestatteten, so beruhte dies noch auf dem uralten Rechtsgedanken der Rechtlosigkeit des Feindes; man betrachtete den Krieg als eine willkommene Gelegenheit, das eigene Volk auf Kosten des feindlichen zu bereichern. Im 18. Jahrhundert machte sich unter dem Einfluß der Aufklärung das Bestreben geltend, auf alles dies zu verzichten. Es hatte in den meisten Staaten Erfolg. In England aber erkannte man, daß jene Maßregeln inzwischen eine neue Bedeutung erlangt hatten.

Die Entwicklung der Wirtschaft zur Weltwirtschaft, die Abhängigkeit der Staaten vom überseeischen Verkehr war weit fortgeschritten. England hatte in den Kämpfen mit Spanien und den Niederlanden die Herrschaft über die Meere erlangt. Der Handel war zur wichtigsten Grundlage seines Wohlstandes geworden. Es empfand den Handel aller anderen Völker als lästigen Wettbewerb.

In dieser Lage konnte es den Nutzen nicht verkennen, der ihm erwuchs, wenn es in seinen Kriegen dabei blieb, möglichst viele Handelsschiffe und Güter wegzunehmen. Dadurch wurde der Handel der feindlichen Länder geschwächt, der englische Handel hatte Gelegenheit, sich an dessen Stelle zu setzen, und England hatte einen weit über den Krieg hinausreichenden Vorteil. Zugleich aber ergab sich auch ein Vorteil im Kriege selbst. Denn auf die feindlichen Länder mußten die andauernde wirtschaftliche Schädigung und die Gefahr, daß ihr Handel je länger je mehr den Engländern zur Beute fiel, notwendig einen Druck ausüben, der sie dem Frieden geneigter machte.

Je weiter England mit der Wegnahme von Schiffen und Gütern ging, desto größer war der Vorteil. Nahm man feindliche Güter auch auf feindlichen Schiffen weg, so war es dem Gegner auch erschwert, seine Ausfuhr mit Hilfe der neutralen Schiffahrt zu bewirken. Erklärte man mit den feindlichen Schiffen auch die darauf beförderten neutralen Güter für verfallen, so litt darunter auch das Frachtgeschäft des Gegners im Dienste neutraler Staaten.

Waren diese Zusammenhänge erkannt, so lag es nahe, auch die Mannschaften der aufgebrachten Schiffe wie früher gefangen zu nehmen. Die Gefangennahme entzog dem Feinde Leute, die besonders geeignet zur Bemannung seiner Kriegsschiffe waren, und die Gefahr der Gefangennahme erschwerte und verteuerte ihm außerdem die Bemannung seiner Handelsschiffe. Es lag auch nahe, das überlebte Zahlungs- und Geschäftsverbot an die eigene Bevölkerung aufrecht zu erhalten. Das Geschäftsverbot schnitt den Gegner, dessen Handelsbeziehungen schon ohnehin erheblich gestört waren, noch vollständiger vom Weltverkehr ab, und das Zahlungsverbot trug mit dazu bei, ihn wirtschaftlich zu schwächen.

Das einmal entdeckte Kampfmittel ließ sich noch weiter ausbauen. Nach altüberliefertem Seerecht unterlag auch neutrales Gut auf neutralen Schiffen der Wegnahme, wenn es Konterbande, d. h. für den Gegner bestimmter Kriegs- oder Heeresbedarf, war. Man brauchte also nur dem Begriff der Konterbande eine sehr weite Ausdehnung zu geben, um dem Gegner nahezu vollständig jede Einfuhr, auch die Einfuhr neutraler Güter auf neutralen Schiffen, zu sperren.

England hat diese Maßregeln im 18. Jahrhundert immer zielbewußter angewandt. Nachdem es 1793 der ersten französischen Republik den Krieg erklärt hatte, ließ es im Kanal jedes neutrale Fahrzeug durchsuchen; ergab sich auch nur ein Verdacht, daß es nach Frankreich bestimmt sei, so wurde die Ladung weggenommen; war sie offenbar kein französisches Eigentum, so wurde sie unter willkürlicher Ausdehnung des Begriffes für Konterbande erklärt. Mit Rußland schloß England 1793 einen Vertrag, in dem sich die beiden Mächte verbanden, mit allen ihnen zu Gebote stehenden Mitteln den Handel Frankreichs zu beunruhigen und mit allen Kräften dahin zu wirken, daß die neutralen Mächte dem Handel und Eigentum der Franzosen zur See und in den Häfen keinerlei unmittelbaren oder mittelbaren Schutz angedeihen ließen. 1794 folgte ein Vertrag mit den Vereinigten Staaten von Amerika, der es England freistellte, beliebige Gegenstände für Konterbande zu erklären, und zugleich bestimmte, daß amerikanische Bürger keinen Dienst auf französischen Schiffen nehmen, bei Zuwiderhandlung aber als Seeräuber gelten sollten.

Es ist begreiflich, daß sich England weder durch Rücksicht auf die Neutralen noch durch allgemeine Gefühle der Menschlichkeit bestimmen ließ, ein in den Händen einer starken Seemacht so wirksames Kampfmittel aus der Hand zu geben. Den Bestrebungen der meisten Staaten, daß feindliches Gut auf neutralen Schiffen nicht weggenommen und der Begriff der Konterbande nicht beliebig ausgedehnt werden dürfe, setzte England beharrlichen Widerstand entgegen, und vorübergehende Zugeständnisse wußte es alsbald wieder rückgängig zu machen. Als Rußland, Schweden, Dänemark und Preußen 1800 einen Vertrag geschlossen hatten, der die neutrale Schiffahrt wenigstens einigermaßen sichern sollte, erklärte Georg III. in einer Thronrede, ein solcher neuer Seekodex sei mit den Rechten Englands unverträglich und verstoße gegen seine Interessen. Erst recht nicht dachte England daran, dem von Frankreich 1792 gemachten und von den Vereinigten Staaten, den Niederlanden und den Hansestädten gebilligten Vorschlag zuzustimmen, daß das Privateigentum fortan zur See wie zu Lande unverletzlich sein solle. Mochte immerhin Benjamin Franklin die englische Kriegführung als ein Überbleibsel der alten Seeräuberei bezeichnen, England ließ sich nicht irre machen.

Der Gedanke des Krieges gegen die bürgerliche Bevölkerung des feindlichen Staates tritt in der englischen Kriegführung des 18. Jahrhunderts schon ziemlich deutlich zutage, aber er ist noch nicht zu Ende gedacht. Man begnügte sich im großen ganzen damit, die einmal üblichen Maßnahmen weiter zu verwenden, dachte aber noch nicht daran, sie zu einem geschlossenen System wirtschaftlicher Kriegführung auszubauen. Außerdem hatte man bei diesen Maßregeln nicht nur die Erringung des Sieges im Auge, sondern mindestens ebenso sehr die Vorteile, die dem englischen Handel nach dem Kriege aus ihnen erwachsen konnten.

Neues Völkerrecht ist durch die englische Kriegführung des 18. Jahrhunderts nicht entstanden. England hat den Kampf gegen die bürgerliche Bevölkerung der feindlichen Staaten niemals als etwas allgemeines, sondern stets nur für sich allein gewollt. Die andern Staaten aber haben diese Kriegführung immer als etwas betrachtet, das sich ein einzelnes Volk herausnahm und das sie mit Vergeltungsmaßregeln erwiderten, ohne es als berechtigt anzuerkennen. In ihrem Bewußtsein blieb der Völkerrechtssatz unerschüttert, daß der Krieg rechtmäßig nur zwischen den Heeren und Flotten geführt werde.

2.

Frankreich ist dem englischen Beispiel gefolgt und hat es überboten. Den Kampf gegen die bürgerliche Bevölkerung eines feindlichen Staates mit klarem Bewußtsein als wichtigstes Mittel zur Überwindung des Gegners erfaßt und ihn sodann streng systematisch im größten Maßstabe aufgenommen zu haben, ist die geistige Leistung Napoleons.

Bereits die erste französische Republik hatte den Anfang gemacht. 1795 erklärte im französischen Wohlfahrtsausschuß ein Redner, in dem Kriege gegen England komme es darauf an, die Engländer in ihrem Teuersten, ihren Reichtümern, anzugreifen; alle Maßregeln in den Häfen und auf dem Meere müßten das eine Ziel haben, ihren Handel zu zerstören, ihre Kolonien zu verwüsten und sie endlich zu einem schimpflichen Bankerott zu zwingen. 1796 untersagte dann Frankreich jede Einfuhr englischer Waren. 1798 erklärte es wegen des immer mehr überhandnehmenden Schmuggels alle englischen Waren in Frankreich für dem Staate verfallen, und das Direktorium sprach in einer Botschaft an den Rat der Fünfhundert aus, daß erst mit diesem Schritt der Krieg gegen England sein eigentliches Wesen annehme. Kurz darauf folgte der Beschluß, daß jedes ganz oder nur zum Teil mit englischen Waren beladene Schiff, gleichviel ob feindlich oder neutral, gute Prise sein solle.

Eine ungeheure Steigerung dieser Maßnahmen bedeutete Napoleons Kontinentalsperre. Der englische Ackerbau war mehr und mehr zurückgegangen, der englische Wohlstand ruhte in der Hauptsache nur noch auf Industrie, Schiffahrt und Handel. Gelang es, der englischen Industrie, der englischen Schiffahrt und dem englischen Handel ihr bedeutendstes Gebiet zu verschließen, so mußte Englands Macht zusammenbrechen. Das ist der Grundgedanke der Kontinentalsperre, wie ihn Napoleon 1811 einer Abordnung der Pariser Handelskammer mit großer Klarheit dargelegt hat. Er nannte die Kontinentalsperre das einzige Mittel, um England zum Frieden zu zwingen. Die Schlacht bei Jena, die Besetzung von Holland und Hamburg hätten England schwer getroffen; „meine Zollämter sind es, die England das größte Übel zufügen, und meine Zollwächter sind ihm gegenüber meine besten Truppen."

In dem Kampfe gegen Napoleon hatte England seine bisherige Kampfesweise auf das äußerste gesteigert. Es hatte ganz Frankreich in Blockadezustand erklärt, obwohl von einer wirklichen Abschließung der französischen Küste durch die englische Flotte nicht die Rede sein konnte. Es nahm nicht nur die französischen Schiffe und ihre Ladungen weg, sondern auch die neutralen Schiffe, die nach französischen Häfen bestimmt waren. Es machte die Besatzungen der französischen Schiffe und sogar die Kaufleute und Handlungsgehilfen, die auf ihnen reisten, zu Gefangenen. Dies war der Anstoß zu der Verordnung, die Napoleon am 21. November 1806 von Berlin aus erließ und in der er seinerseits die britischen Inseln für blockiert erklärte.

Die Verordnung verbot den Bewohnern der Länder, die der französischen Herrschaft unterworfen waren, allen Verkehr und Briefwechsel mit den britischen Inseln; Briefe und Pakete, welche nach England oder an einen Engländer gerichtet oder in englischer Sprache geschrieben waren, sollten durch die Post nicht befördert, sondern in Beschlag genommen werden. Jeder englische Untertan, gleichviel welches Standes, der sich in einem der französischen Herrschaft unterworfenen Lande blicken ließ, sollte zum Kriegsgefangenen gemacht werden. Alle Waren und alle sonstigen Sachen, die englischen Untertanen gehören, sollten für gute Prise erklärt werden. Der Handel mit englischen Waren war verboten; jede Ware, die aus England oder seinen Kolonien stammte, sollte für gute Prise erklärt werden. Kein Schiff, das unmittelbar von England oder seinen Kolonien kam, durfte in irgend einen Hafen einlaufen; jedes Schiff, das mit Hilfe falscher Zeugnisse dieser Vorschrift zuwiderhandelte, sollte mit Beschlag belegt und nebst der Ladung, als wenn es englisches Eigentum wäre, eingezogen werden.

Später wurden diese Anordnungen noch verschärft. Da nur verboten war, daß neutrale Schiffe unmittelbar von England und seinen Kolonien nach Frankreich fuhren, besorgte die neutrale Schiffahrt den englischen Handel vielfach in der Art, daß englische Waren zunächst etwa nach einem schwedischen Hafen und von dort, ohne als englische Waren erkennbar zu sein, nach Frankreich gebracht wurden. Deshalb erließ der Kaiser am 23. November 1807 von Mailand aus eine weitere Verordnung, die auch diesen Verkehr unterbinden sollte. Fortan sollten alle Schiffe, die aus irgend einem Grund ein England gewesen waren, bei der Ankunft in französischen Häfen mit der gesamten Ladung der Beschlagnahme und Einziehung verfallen. Nachdem England seinerseits mit einer verstärkten Abschließung Frankreichs geantwortet hatte, erfuhren die französischen Anordnungen noch weitere Verschärfungen.

Zuerst hatte sich die Kontinentalsperre auf Frankreich, Holland, den größten Teil von Italien und die Rheinbundstaaten beschränkt. In den nächsten Jahren schlossen sich ihr unter dem Einfluß Napoleons Preußen und Rußland, Dänemark und Spanien, Portugal, Österreich und Schweden an. 1810 war ganz Europa mit Ausnahme von Sardinien, Sizilien und der Türkei für England verschlossen.

Indessen gelang es nicht, die Kontinentalsperre auch nur einigermaßen zur vollen Wirkung zu bringen. Die englischen Waren ließen sich nicht vom Festland fernhalten. Der Schmuggel fand tausend Schlupflöcher. Napoleon konnte die Kontinentalsperre nicht durchführen, weil er die See nicht beherrschte. Mit Recht erklärte im Jahre 1811 eine von einem ungenannten Deutschen verfaßte Schrift über die Weltlage: „Die Engländer vom Kontinent abzuschließen, ohne Flotten zu haben, ist so unmöglich, als den Vögeln zu verbieten, bei uns Nester zu bauen." Mit dem Sturze Napoleons ist dann die Kontinentalsperre ganz zusammengebrochen.

In den Napoleonischen Kriegen ist das Kriegsmittel des Kampfes gegen die bürgerliche Bevölkerung auf beiden Seiten in einem bis dahin nicht erhörten Maßstabe angewandt worden. Trotzdem ist es auch damals nicht zur Entstehung von neuem Völkerrecht gekommen. Man erkannte nicht, daß, seit die ganze Kraft der Völker zur Grundlage der Kriegführung geworden war, die Erweiterung des Krieges zu einem Kampf gegen das gesamte feindliche Volk eine innere Notwendigkeit besaß. Man hielt die neue Art der Kriegführung für eine außerordentliche Erscheinung, hervorgegangen aus dem Zusammentreffen einer einzigartigen Persönlichkeit mit einer einzigartigen politischen Lage, und betrachtete es als ausgeschlossen, daß sich eine solche Art der Kriegführung je wiederholen werde. Wie man im 18. Jahrhundert in dem Kampfe gegen die bürgerliche Bevölkerung die Sache eines einzelnen Volkes gesehen hatte, so sah man jetzt in ihm nur die Ausgeburt einer besonderen Zeit. Man blieb weiter überzeugt, daß der Krieg rechtmäßig nur zwischen den Heeren und Flotten geführt werden dürfe. So hat auch die Kontinentalsperre kein neues Völkerrecht geschaffen, aber sie hat dem kommenden Völkerrecht den Weg gewiesen.

Fünftes Kapitel.
Die Entwicklung zum Völkerkrieg.

1.

Der große Umschwung des Völkerrechts, der sich bisher nur angebahnt hatte, hat sich in dem Weltkrieg von 1914 vollzogen.

Das Kriegsrecht, unter dessen Herrschaft der Krieg begann, war zum größten Teil ungeschriebenes Recht. Auch die Haager Abkommen von 1899 und 1907, die so zahlreiche Vorschriften des Kriegsrechts enthalten, kommen nur als Erkenntnismittel älteren ungeschriebenen Rechts in Betracht.

Die Schwärmer, die es für möglich hielten, die Kriegführung mit Hilfe von völkerrechtlichen Kongressen und Vereinbarungen in Fesseln zu schlagen, haben von den beiden Haager Kongressen viel erwartet und als Teilnehmer an ihnen fleißig gearbeitet, und wenn man die langen Abkommen mit ihren vielen Artikeln sieht, so scheinen sie einen gewaltigen Fortschritt des Völkerrechts zu bedeuten. Die Regierungen aber haben diese Kongresse nicht mit der gleichen Begeisterung betrachtet und vor allem dafür Sorge getragen, daß sie, ohne den bösen Eindruck einer völkerrechtsfeindlichen Gesinnung zu erwecken, doch die Freiheit ihres Handelns behielten. Ihre Vertreter haben sich eifrig an der Abfassung der Abkommen beteiligt, aber schließlich hat man diese teils nicht unterzeichnet, teils bei der Unterzeichnung gerade die wichtigsten Bestimmungen ausgenommen, teils sie nicht ratifiziert. Vor allem aber hat man ausgemacht, daß die Abkommen bei einem Kriege keine Anwendung finden sollten, bei dem auch nur ein Staat beteiligt sei, der sich den Abkommen nicht unterworfen habe.

Das ist in dem Weltkriege bei den Abkommen von 1907 von Anfang an der Fall gewesen, denn sie sind alle von Serbien, Montenegro und der Türkei nicht ratifiziert; die Abkommen von 1899 sind nur von der Türkei nicht ratifiziert, daher haben sie erst mit dem Eintritt der Türkei in den Krieg die Anwendbarkeit in ihm verloren. Demgemäß haben denn auch die kriegführenden Staaten, wenn sie sich auf die Abkommen beriefen, diese in der Regel nur als Erkenntnismittel für schon vorhandenes ungeschriebenes Völkerrecht angeführt. Soweit sie das nicht taten, hat man den Eindruck, daß sie es machten wie die Kinder, die mit Rechenpfennigen spielen. Man stützte sich auf die Haager Abkommen, aber es war nur ein Spiel mit Artikeln, an deren Geltung man gar nicht ernsthaft glaubte. Besonders England ist in dieser Behandlung der Haager Abkommen groß gewesen; in seinen Noten erklärte es sie bald für unanwendbar, bald berief es sich auf sie, wie es ihm gerade paßte.

Man hat die Anwendbarkeit der Haager Abkommen auf den Weltkrieg zu begründen gesucht. Man hat gesagt, die am Kriege beteiligten Staaten, die sich den Abkommen nicht unterworfen hätten, seien bei einigen von ihnen doch nur sehr unbedeutend; z. B. hätten dem vierten Abkommen von 1907 von den anfangs kriegführenden Mächten nur Serbien und Montenegro nicht zugestimmt. Aber eine Vereinbarung ist nach der Absicht der sich Vereinbarenden auszulegen; bei den Haager Abkommen war sicher einem Teil der sie abschließenden Staaten der Umstand sehr erwünscht, daß sie bei einem künftigen Kriege durch die Teilnahme eines den Abkommen ferngebliebenen Staates von den übernommenen Verpflichtungen frei werden könnten, und deshalb müssen die Abkommen infolge der Kriegsbeteiligung Serbiens und Montenegros, trotz der Geringfügigkeit dieser Staaten, außer Anwendung bleiben.

Man hat sich für die Anwendbarkeit der Abkommen von 1899 auch darauf berufen, daß die Türkei während des Krieges mehrfach erklärt habe, sich nach ihnen richten zu wollen. Aber wenn ich einseitig erkläre, etwas tun zu wollen, wozu ich nicht rechtlich verpflichtet bin, so entsteht dadurch für mich keine Rechtspflicht, und was ich heute getan habe, kann ich morgen lassen. Deshalb kann die freie Unterwerfung der Türkei unter die Abkommen von 1899 die fehlende Ratifikation nicht ersetzen, es ist also beim Kriege eine Macht beteiligt, auf die sie keine Anwendung finden, und daher ist keine der kriegführenden Mächte an sie gebunden. Die völkerrechtliche Regelung dieses Krieges ist danach nicht in den Haager Abkommen enthalten, sondern maßgebend ist in der Hauptsache ungeschriebenes Recht, das freilich zum Teil in den Haager Abkommen zur Erscheinung gelangt; daneben kommen einige ältere Vereinbarungen in Betracht, vor allem die Pariser Seerechtsdeklaration und die Genfer Konvention.

Der gegenwärtige Umschwung des Völkerrechts ist nun durch Verletzungen des bestehenden Völkerrechts eingetreten. Es ist begreiflich, daß in dem Weltkriege von 1914 zahlreiche Völkerrechtsverletzungen begangen worden sind. Alles Recht ist der Gefahr der Verletzung ausgesetzt, und beim Völkerrecht mit seiner mangelhaften Durchsetzbarkeit ist diese Gefahr besonders groß. Zu den echten Völkerrechtsverletzungen kommen dann noch die Maßregeln der Vergeltung für begangene Völkerrechtsverletzungen hinzu. In ihrer Eigenschaft als Vergeltungsmaßregeln sind sie rechtmäßig, aber ihrer ganzen Art nach gleichen sie doch durchaus den wirklichen Völkerrechtsverletzungen.

Sehr viele unter diesen Verletzungen des Völkerrechts sind ohne Bedeutung für die Rechtsentwicklung. Wie sie jetzt stattgefunden haben, so werden sie voraussichtlich auch in künftigen Kriegen stattfinden, aber die verletzten Rechtssätze werden darum doch weiter gelten. Hierher gehört es, daß man in mehreren Fällen die Beamten der Gesandtschaften angetastet, Parlamentäre gefangen genommen, Kriegsgefangene getötet und mißhandelt und sich sogar der Mißhandlung von Verwundeten, Ärzten und Krankenpflegern nicht enthalten, auch das Rote Kreuz durch Anbringung an Wagen mit Kriegsbedarf mißbraucht hat. So hat Frankreich einen Teil der deutschen Gefangenen in sehr ungesunden Teilen von Afrika untergebracht und sie dort bei glühender Sonnenhitze unter Aufsicht von Schwarzen arbeiten lassen. Ferner hat man dem großstädtischen Pöbel Gewalttätigkeiten gegen die Untertanen der feindlichen Staaten gestattet und bei den Truppen Brandstiftung, Plünderung, Mord, Vergewaltigung und andere Grausamkeiten geduldet. Man denke nur an die Greueltaten der Russen in Ostpreußen, die einen großen Teil des Landes in eine Wüste verwandelt haben. Endlich sind mancherlei Verletzungen der Neutralität begangen worden, von dem Überfliegen neutralen Bodens und dem Angriff auf feindliche Schiffe in neutralen Gewässern bis zur Besetzung größerer neutraler Gebiete. Das stärkste in dieser Art ist die in Saloniki ausgeübte Gewaltherrschaft des Vierverbandes über Griechenland.

Aus der Menge der gewöhnlichen Völkerrechtsverletzungen hebt sich indessen eine besondere Art heraus, das sind diejenigen, in denen neue Rechtsgedanken zur Erscheinung kommen. Wo neues ungeschriebenes Recht entsteht, sei es nun langsam durch Gewohnheit oder schnell durch Revolution, haben wir überall den gleichen Vorgang: es finden Rechtsverletzungen statt. Diese sind zunächst nichts als Rechtsverletzungen, sie häufen sich aber dann mehr und mehr und werden schließlich so zahlreich und allgemein, daß dadurch der verletzte Rechtssatz die Geltung verliert. In den Rechtsverletzungen ist nach und nach ein Umschwung der allgemeinen Rechtsüberzeugung zum Ausdruck gekommen. Für die Zukunft ist nicht anzunehmen, daß der Rechtssatz, gegen den die Verstöße erfolgt sind, überhaupt noch befolgt werden wird. Wenn künftig noch ebensolche Handlungen stattfinden, so sind es keine Rechtsverletzungen mehr, sondern rechtmäßige Handlungen, Anwendungen des neuen Rechts, das durch die ersten noch als Rechtsverletzungen zu betrachtenden gleichartigen Handlungen an die Stelle des früheren Rechts gesetzt worden ist. Man kann die Frage aufwerfen, ob die Rechtsverletzungen, die zugleich den Ausgangspunkt neuen Völkerrechts bilden, sittlich günstiger zu beurteilen sind als gewöhnliche Rechtsverletzungen. An sich kann man dies nicht sagen. Eine Revolution, die an die Stelle einer Monarchie die Republik setzt, schafft neues Recht, findet aber in dieser Tatsache noch keine sittliche Rechtfertigung. Es kommt auf die Umstände an, und je nachdem ob ein innerlich verfaultes Königtum von begeisterten Freunden des Vaterlandes über den Haufen geworfen wird oder ein tüchtiges und pflichttreues Herrscherhaus dem Ehrgeiz gewissenloser Volksverführer zum Opfer fällt, wird man ganz verschieden urteilen. Etwas spricht immerhin zu Gunsten der Rechtsverletzungen, durch die neues Recht zustande gekommen ist. Wo ein Rechtssatz sich gegenüber Rechtsverletzungen nicht zu behaupten vermochte, da liegt die Vermutung nahe, daß er den Bedürfnissen nicht mehr entsprach. Die Zeit war reif für neues Recht, und die Rechtsverletzungen haben diesem zum Durchbruch verholfen. Das gilt auch für die wichtigsten in diesem Kriege begangenen Völkerrechtsverletzungen.

Der Krieg ist im Laufe der geschichtlichen Entwicklung aus einem Kampf der Regierungen, an dem das Volk nur wenig beteiligt war, immer mehr zu einem Kampf der Völker geworden, der mit dem vollen Gewicht der beiderseitigen Kräfte geführt wird und demgemäß die ganze Menschenkraft, wirtschaftliche Kraft und seelische Kraft der Völker zur Grundlage hat. Nachdem die Kriegführung mehr und mehr dazu übergegangen ist, das Kriegsziel ohne jede Rücksicht mit allen irgend brauchbaren Mitteln zu verfolgen, lag es für sie nahe, die feindliche Waffenmacht nicht nur unmittelbar, sondern auch in ihrer Volksgrundlage anzugreifen und durch Schwächung dieser Grundlage den feindlichen Widerstand sozusagen zum Verdorren zu bringen. Der bisher anerkannte Grundsatz, daß der Krieg nur gegen die feindliche Waffenmacht geführt und die bürgerliche Bevölkerung nur in wenigen festumgrenzten Ausnahmefällen Leiden unterworfen werden darf, war daher überlebt. Der gegenwärtige Krieg hat diesen Grundsatz beseitigt. Er ist nicht nur in einzelnen Fällen übertreten worden, sondern er ist für immer zusammengebrochen. Er wird auch in künftigen Kriegen nicht mehr befolgt werden. Der Bruch mit der Vergangenheit ist unwiderruflich. Man wird die Rechtsverletzungen, die diesen Umschwung hervorgerufen haben, milder beurteilen, wenn man sich klar macht, mit welcher unwiderstehlichen Wucht die Bedürfnisse der Kriegführung zu einer Änderung des Völkerrechts drängten.

2.

In einer fast unübersehbaren Fülle von Tatsachen kommt der Umschwung der Kriegführung zur Erscheinung, der sich im Weltkriege vollzogen hat. Die Kriegführung hat sich mit immer größerer Rücksichtslosigkeit über das bisherige Völkerrecht hinweggesetzt. Dabei aber tritt ein ganz bestimmter Grundzug hervor. Im größten Maßstabe finden Handlungen statt, deren Zweck es ist, die feindliche Volkskraft als die letzte Grundlage des kriegerischen Widerstandes zu brechen.

Viele von diesen Handlungen sind aus dem Bemühen hervorgegangen, dem Gegner die zum Kriege nötigen Menschenkräfte zu entziehen. Auch in früheren Kriegen schon hat man friedliche Bürger gefangen genommen, etwa als Geiseln, um Angriffe von Francstireurs oder ähnliche Verletzungen des Völkerrechts zu verhindern, oder zur Wahrung des militärischen

Geheimnisses, um zu verhüten, daß Heeresbewegungen dem Gegner bekannt wurden. Jetzt aber ist man dazu übergegangen, alle Angehörigen des feindlichen Staates, deren künftige Einreihung in das feindliche Heer irgend möglich scheint, gefangen zu nehmen und festzuhalten.

Die Regierungen von England, Frankreich und Rußland haben bei Ausbruch des Krieges zunächst sämtlichen in ihren Ländern befindlichen Deutschen und Österreichern die Abreise versagt. Später haben sie dann zwar die Frauen, Kinder und Greise abreisen lassen, dagegen die Wehrfähigen zurückbehalten und sie in Gefangenenlagern untergebracht. Im englischen Oberhause teilte zu Anfang 1915 Lord Lucas mit, daß am 27. November 1914 in dem Vereinigten Königreich 18000 feindliche Fremde in Haft waren, die eigentlichen Kriegsgefangenen nicht eingerechnet; er hob dabei hervor, daß man zunächst nur verdächtige Personen in Haft genommen habe, später habe man andere auch ohne Verdacht festgesetzt, weil sie im wehrpflichtigen Alter standen. Ähnlich wie in England ist man auch in Frankreich und Rußland vorgegangen. Die Verhaftung erstreckte sich auf alle Männer vom siebzehnten bis zum fünfzigsten, in einigen englischen Kolonien bis zum fünfundfünfzigsten Jahre. Auch auf Schiffen haben die Engländer und Franzosen die wehrfähigen Deutschen und Österreicher, deren sie habhaft werden konnten, festgenommen und in Haft gebracht. Englische und französische Schiffe haben sich nicht gescheut, neutrale Kauffahrteischiffe anzuhalten und die darauf befindlichen Deutschen und Österreicher wegzunehmen und in Gefangenenlager zu bringen. Dadurch hat man nach Möglichkeit verhindert, daß die im Ausland befindlichen Deutschen und Österreicher sich in die Wehrmacht ihres Vaterlandes einreihen ließen. Deutschland und Österreich-Ungarn sind ihren Gegnern dann mit entsprechenden Maßregeln gefolgt. Sie haben zunächst den Engländern, Franzosen und Russen die

Erlaubnis zur Abreise versagt und später die wehrfähigen Angehörigen dieser Staaten in Gefangenenlagern untergebracht.

Um beim Gegner die Grundlagen der Kriegführung zu erschüttern, hat man zweitens seine wirtschaftliche Kraft zu lähmen gesucht. Hier kommt eine Fülle ineinandergreifender Maßregeln in Betracht. Zunächst die einfache Vernichtung feindlichen Eigentums. Früher zerstörte man Ortschaften, Eisenbahnen, Vorräte im feindlichen Lande nur, wenn man annahm, daß sie dem feindlichen Heere nützlich werden könnten. Während dieses Krieges aber haben Franzosen, Engländer und Russen Privateigentum auch zerstört, um es dem Wirtschaftsleben zu entziehen. So haben die Engländer bei der Übergabe von Antwerpen den Lloyddampfer Gneisenau versenkt. Die Russen haben in Ostpreußen vor ihrem Abzuge alle Vorräte, die sie nicht mitnehmen konnten, vernichtet und in Galizien die Petroleumbehälter in Brand gesteckt. Dazu paßt durchaus der Plan, der in französischen Zeitungen ausgesprochen worden ist, wenn man in das rheinische Industriegebiet eindringe, dort die großen Fabriken zu zerstören.

Als ein Mittel zur wirtschaftlichen Schwächung des Gegners bot sich auch die Nichterfüllung feindlicher Forderungen dar. Es ist altes englisches Recht, daß während eines Krieges Zahlungen und andere Leistungen an das feindliche Land nicht erfolgen dürfen. Gemäß diesem Grundsatz hat England gleich bei Beginn des Krieges es verboten und mit schweren Strafen bedroht, die bestehenden Verbindlichkeiten gegenüber den Bewohnern der feindlichen Länder zu erfüllen, sei es durch Zahlungen, durch Begebung von Wechseln, durch Lieferung von Waren oder auf andere Weise. Frankreich hat dann eine Verordnung erlassen, die der englischen fast genau entsprach. Auch Rußland hat sich angeschlossen. Infolgedessen haben dann Deutschland und die ihm verbündeten Länder entsprechende Maßregeln getroffen, so daß also an England und seine Bundesgenossen auch auf Grund bestehender Verpflichtungen während des Krieges keinerlei Zahlungen und Leistungen erfolgen dürfen. Das beste Mittel, um die wirtschaftlichen Grundlagen der Kriegführung zu erschüttern, schien indessen im Zeitalter der Weltwirtschaft die Absperrung des Gegners vom Verkehr. Vor allem zerschnitt man die eigenen Beziehungen zu ihm. England hatte schon längst den Grundsatz, daß während eines Krieges keinerlei Geschäfte irgendwelcher Art mit Bewohnern des feindlichen Landes geschlossen werden dürfen. Frankreich hat sich in diesem Kriege den gleichen Grundsatz angeeignet. Dann ist auch Deutschland gefolgt.

Aber noch viel wichtiger war es, den Gegner auch vom Verkehr mit den Neutralen abzusperren. Ein solches Verfahren entsprach englischer Überlieferung. In diesem Kriege hat England die Absperrung des Gegners zielbewußter als je zuvor zur Anwendung gebracht, und die anderen Kriegführenden haben sich dieses Kampfmittel angeeignet.

England und Frankreich setzten sich, anfangs unbestimmt, dann nach dem Mißerfolge der französischen und russischen Heere immer klarer, das Ziel, Deutschland und seine Bundesgenossen durch Aushungerung, durch Entziehung der nötigen Rohstoffe und durch Erschütterung ihrer gesamten Wirtschaftskraft zu überwinden. Dazu galt es, sowohl ihre Einfuhr wie auch ihre Ausfuhr lahmzulegen. Um dies Ziel zu erreichen, bediente man sich verschiedener Mittel. Nach dem geltenden Völkerrecht konnte die neutrale Schiffahrt Deutschland und seine Bundesgenossen nach Belieben mit Waren versorgen, nur Konterbande, also Kriegs- und Heeresbedarf, war von der Beförderung ausgeschlossen; in der Besorgung der Ausfuhr aber unterlag die neutrale Schiffahrt gar keiner Einschränkung. Diesen ganzen Verkehr durften England und Frankreich, soweit er sich über holländische, dänische und andere neutrale Häfen vollzog, überhaupt nicht verhindern und auch, soweit er über deutsche Häfen stattfand, nur dann, wenn es ihnen gelang, die deutschen Küsten durch eine abschließende (effektive) Blockade vollständig zu sperren.

England und Frankreich haben sich über diese Grundsätze nach und nach hinweggesetzt. Sie haben zunächst den Konterbandebegriff derart umgestaltet, daß fast der ganze Bedarf der bürgerlichen Bevölkerung sich als unbedingte auf dem Wege nach neutralen wie nach deutschen Häfen der Wegnahme verfallene Konterbande darstellte. Sie haben sodann die Nordsee als Kriegsgebiet erklärt und auf dieser Grundlage, ohne daß die Voraussetzungen der Blockade vorgelegen hätten, die neutrale Schiffahrt tatsächlich an der Vermittlung der deutschen Ein- und Ausfuhr gehindert. Im März 1915 haben sie geradezu den Regierungen der neutralen Staaten die amtliche Mitteilung gemacht, sie hätten beschlossen, jede Einfuhr von Waren irgendwelcher Art nach Deutschland und ebenso jede Ausfuhr aus Deutschland zu verhindern, und der englische Ministerpräsident Asquith hat im Unterhause erklärt, die englische und die französische Regierung behielten sich vor, alle Schiffe anzuhalten und nach englischen und französischen Häfen zu bringen, bei denen eine Vermutung bestehe, daß die von ihnen beförderten Güter feindlichen Bestimmungsort oder feindlichen Eigentümer oder feindlichen Ursprung hätten.

Der Ring hat sich geschlossen, als England und Frankreich dazu übergegangen sind, auch die an Deutschland angrenzenden Länder, die skandinavischen Staaten, Holland und die Schweiz, durch wirtschaftlichen Druck am Verkehr mit Deutschland zu hindern. Um jede Beziehung der neutralen Länder zu Deutschland aufzuspüren, hat man nach ihnen zahlreiche Handelsspione entsandt, man hat durch Bedrohung mit Boykott die neutralen Kaufleute dazu gebracht, ihre Bücher vorzuweisen, und sich nicht gescheut, auch die neutrale Briefpost zu durchstöbern. Durch die Durchschneidung der deutschen unterseeischen

Kabel hat man die Absperrung Deutschlands und seiner Bundes=
genossen vom Verkehr noch wirksamer gestaltet.

Deutschland und seine Bundesgenossen haben diese Ab=
sperrungsmaßregeln erwidert. England, dessen Volk auf seinen
Inseln die erforderlichen Nahrungsmittel und Rohstoffe nur
zum kleinsten Teile erzeugt, forderte zur Absperrung geradezu
heraus. Nachdem England und Frankreich den Begriff der
Konterbande so sehr erweitert hatten, daß fast der ganze Bedarf
der bürgerlichen Bevölkerung als Konterbande erschien, haben
Deutschland und Österreich=Ungarn sich diesen Begriff gleich=
falls angeeignet. Nachdem England die Nordsee als Kriegs=
gebiet erklärt hatte, hat Deutschland die gesamten Gewässer
um die britischen Inseln als Kriegsgebiet erklärt. Jetzt sucht
es mit Minen und Unterseebooten England nach Möglichkeit
vom Weltverkehr abzuschneiden. Auch einen Teil der englischen
Kabel hat es zerstört.

Das dritte und letzte, was man in diesem Kriege versucht
hat, um beim Gegner die Grundlagen der Kriegführung zu
erschüttern, ist die Lähmung der seelischen Kräfte des feind=
lichen Volkes.

Seit langem war es ein Grundgedanke des Völkerrechts,
daß man die bürgerliche Bevölkerung durch Sprenggeschosse
nur zu dem Zwecke an Leib und Eigentum gefährden durfte,
um eine Festung zu erobern. Hierauf gründete sich der Satz,
daß nur befestigte und verteidigte Orte der Beschießung unter=
lagen. Jener Grundgedanke nun ist in diesem Kriege auf=
gegeben worden. Die kämpfenden Mächte haben Sprenggeschosse
im weitesten Umfang verwandt, nicht nur zur Eroberung
von Festungen, sondern auch um die bürgerliche Bevölkerung
mit Angst und Schrecken zu erfüllen und ihr die Fortsetzung
des Krieges zu verleiden.

Die Engländer haben eine Reihe von unbefestigten Städten
beschossen, so Dar=es=Salam, Viktoria und Swakopmund.

Nachdem gleich bei Beginn des Krieges ein französisches Flugzeug Bomben auf Nürnberg geschleudert hatte, haben englische, französische, italienische, deutsche und österreichische Luftfahrzeuge zahlreiche Bomben auf unbefestigte und unverteidigte Städte und Dörfer abgeworfen. Teils geschah dies in offener Mißachtung des Völkerrechts, teils im Wege der Vergeltung, immer aber lag neben der Zerstörung feindlicher Anlagen doch auch der Zweck zu Grunde, auf den Seelenzustand der feindlichen Bevölkerung einzuwirken.

Ganz ebenso war es in den Fällen, in denen befestigte und verteidigte Orte mit Bomben beworfen wurden. Nach der Wortfassung, die die Haager Abkommen von 1899 und 1907 dem bestehenden völkerrechtlichen Grundsatz gegeben haben, mochte dies zulässig sein, nach dem Sinn dieses Grundsatzes gewiß nicht. Denn das Abwerfen von Bomben auf solche Orte erfolgte fast niemals im Zusammenwirken mit einem Heere zum Zwecke der Eroberung, sondern die auf befestigte Orte geworfenen Bomben hatten genau den gleichen Zweck wie die auf unbefestigte Orte geworfenen: feindliche Anlagen zu zerstören, daneben aber die feindliche Bevölkerung zu entmutigen und dem Frieden geneigt zu machen. Das sollten die französischen Bombenwürfe auf Nürnberg erreichen, und das ist auch der Zweck der Bomben gewesen, die von deutschen Luftschiffen und Flugzeugen geworfen wurden.

Nimmt man die mannigfachen in diesem Kriege gegen die bürgerliche Bevölkerung begangenen Handlungen für sich allein, die Gefangensetzung von friedlichen Bürgern des feindlichen Staates, die Zerstörung von feindlichem Privateigentum, das Verbot der Erfüllung feindlicher Forderungen, die Abschneidung der Zufuhren für die feindliche Bevölkerung und die Verhinderung der Ausfuhr aus dem feindlichen Lande, endlich die Verängstigung der feindlichen Bevölkerung durch Bombenwürfe, Handlungen, die zum größten Teil echte Völkerrechts=

verletzungen sind, zu einem kleinen Teil durch ihre Eigenschaft als Vergeltungsmaßregeln eine Rechtfertigung finden, so sind sie bloße Gegenstände der Entrüstung und des Bedauerns. Faßt man aber ins Auge, wie alle diese Handlungen aus einem einzigen Streben hervorgegangen sind, aus dem Streben, die feindliche Volkskraft als die Grundlage der feindlichen Kriegführung zu brechen, wie sie in ihrem Zusammenwirken ein geschlossenes, einheitliches Ganzes bilden und wie sie seit Beginn des Krieges von allen kämpfenden Staaten in gleicher Weise mit dem größten Zielbewußtsein angewandt worden sind, so sind sie weit mehr. Sie sind Erscheinungsformen einer neuen Kriegführung, bei welcher der Krieg nicht mehr gegen die feindliche Waffenmacht allein, sondern gegen das ganze feindliche Volk geht.

3.

Mit der Umgestaltung der Kriegführung hat sich zugleich eine Umgestaltung des Völkerrechts vollzogen.

Bei den Engländern des 18. Jahrhunderts war der Kampf gegen die bürgerliche Bevölkerung feindlicher Staaten ein nicht zu Ende gedachter und niemals systematisch durchgeführter Gedanke gewesen, die von der übrigen Welt mißbilligte Besonderheit eines einzelnen Volkes. Napoleon hatte, seiner Zeit vorauseilend, die Bedeutung dieses Kampfmittels mit unvergleichlicher Klarheit erkannt und es im großen Maßstabe angewandt, aber die Welt sah in seiner Kontinentalsperre nur das Erzeugnis einer dämonischen Persönlichkeit und einer nicht wiederkehrenden Lage. Erst jetzt hat man die Idee des Kampfes gegen das ganze feindliche Volk, durch den die Grundlagen der feindlichen Kriegführung zerstört werden, allgemein in ihrer bleibenden Bedeutung erfaßt. Der Kampf gegen das feindliche Volk ist zum Gemeingut geworden, zu einem technischen Mittel, das fortan Minister und Feldherren von durchschnittlicher Begabung und Willenskraft mit Sicherheit handhaben werden.

Fünftes Kapitel.

Dieses größte Kriegsmittel der Neuzeit, das unendlich viel furchtbarer ist als 42=Zentimeter=Geschütze, Unterseeboote und Luftschiffe, wird sich in der Zukunft einen immer größeren Anwendungsbereich erobern. In dem sich verschärfenden Kampfe ums Dasein müssen die Völker mehr und mehr ihre ganze Kraft in den Dienst des Krieges stellen, und deshalb wird es im Kriege für jeden Teil immer wichtiger, die Volkskraft des Gegners zu schwächen. Zugleich aber bewirkt die fortschreitende Verflechtung der Weltwirtschaft und die wachsende Abhängigkeit der Völker von einander, daß ein Angriff auf die feindliche Volkskraft immer größere Aussicht auf Erfolg hat. Die größte Angriffsfläche aber bieten einem solchen Angriff die wirtschaftlich fortschreitenden Völker, die viele Menschen ins Ausland entsenden, große Kapitalien dort anlegen, Mengen von Rohstoffen aus ihm beziehen und ihm dafür ihre Fabrikate liefern, und darum wird gerade in den Kriegen, durch welche die zurückbleibenden Völker jene am Aufkommen zu verhindern suchen, der Kampf gegen die bürgerliche Bevölkerung eine besonders wirksame Waffe sein.

Deshalb darf man nicht hoffen, diese neue Art des Krieges wieder loszuwerden. „Man wird uns recht geben, wenn wir sagen, daß Schranken, die gewissermaßen in dem Nichtbewußtwerden dessen, was möglich sei, lagen, wenn sie einmal eingerissen sind, sich nicht leicht wieder aufbauen lassen, und daß wenigstens jedesmal, wenn es sich um große Interessen handelt, die gegenseitige Feindschaft sich auf dieselbe Art entladen wird, wie es in unsern Tagen geschehen ist." „Nachdem die Regierungen alle diese Hilfsmittel kennen gelernt haben, ist es nicht zu erwarten, daß sie dieselben in künftigen Kriegen unbenutzt lassen werden, sei es daß die Gefahr der eigenen Existenz ihnen drohe oder ein heftiger Ehrgeiz sie treibe." Diese tiefen Worte hat nach den Napoleonischen Kriegen Clausewitz geschrieben. Sie haben bleibenden Wert. Nachdem die Regierungen einmal das große Kampfmittel des Völkerkrieges kennen gelernt haben, werden uns alle Apostel der Menschlichkeit und alle Schwärmer für Völkerrechtskongresse nicht mehr von ihm befreien. Ist das aber der Fall, so ist der alte Grundsatz des Völkerrechts, daß der Krieg nur gegen die feind=liche Waffenmacht, nicht gegen das feindliche Volk geführt werden darf, zusammengebrochen. Mit ihm aber sind seine in völkerrechtlichen Vereinbarungen, vor allem in der Pariser Seerechtsdeklaration von 1856 und den Haager Abkommen von 1899 und 1907 enthaltenen Folgesätze ge=fallen. Auch in solchen Kriegen, in denen die Haager Ab=kommen an sich anwendbar sind, weil alle am Kriege beteiligten Mächte ihnen zugestimmt haben, finden daher die aus jenem Grundsatz abgeleiteten Artikel keine Anwendung mehr.

Dieser Zusammenbruch ist revolutionär erfolgt (S. 11/13). Zuerst hat England durch die Festsetzung der wehrfähigen Angehörigen feindlicher Völker, deren es auf seinem Ge=biete, auf feindlichen oder neutralen Schiffen habhaft werden konnte, durch das Verbot der Bezahlung von Forderungen an die Bewohner der feindlichen Staaten, durch die Absperrung dieser Staaten vom Weltverkehr ohne richtige Blockade das bestehende ungeschriebene Völkerrecht wie die Sätze der Pariser Seerechtsdeklaration gebrochen. Dann haben sich seine Ver=bündeten ihm angeschlossen. Schließlich haben auch Deutsch=land und seine Bundesgenossen durch Minen= und Unterseebootblockade, durch Luftschiffe und Flugzeuge den Krieg zu einem Kampfe gegen das ganze englische Volk und die ihm verbündeten Völker gemacht.

Im Verfassungsrecht der Staaten vollziehen sich die Revo=lutionen in der Regel so, daß große Kräfte, die zu einer Änderung des Bestehenden drängen, durch irgend einen Anstoß entbunden werden; etwa ein Volk ist zur Mitwirkung an der Regierung herangereift, die bestehende unumschränkte Herrschaft ist über=

lebt, infolge einer erbitternden Maßregel bricht ein Aufstand aus, alsbald gerät alles in Bewegung und es kommt zum Umsturz. Genau so hat sich jetzt die Revolution des Völkerrechts vollzogen. Nachdem im letzten Jahrhundert immer mehr die ganze Kraft der kämpfenden Völker zur Grundlage der Kriege geworden war, mußte eine seit Napoleon rücksichtslos gewordene Kriegführung mit aller Macht dahin streben, die völkerrechtlichen Schranken umzustürzen, die es verhinderten, über das feindliche Heer hinaus das gesamte feindliche Volk zum Gegenstand des Kampfes zu machen. Im Weltkrieg sind diese Schranken gefallen. Der bloße Krieg der Waffen ist zum Völkerkrieg geworden.

Man darf nicht glauben, daß es doch vielleicht möglich sein werde, am Ende des Krieges beim Friedensschluß diese Schranken wirksam wieder aufzurichten, etwa die Gefangennahme von Nichtkämpfern, die Überspannung des Begriffes der Konterbande, die Absperrung eines Landes ohne richtige Blockade, das Abwerfen von Bomben durch Luftfahrzeuge und ähnliches zu verbieten, womöglich gar die Pariser Seerechtsdeklaration wiederherzustellen. Wie England in diesem Kriege die von ihm unterschriebene Pariser Seerechtsdeklaration zerrissen hat und, weil es um seine Weltherrschaft geht, zu jedem irgend brauchbaren Kriegsmittel greift, so wird in gleicher Lage auch jeder andere Staat handeln. Immer auch wird der Staat, der sich seinen völkerrechtlichen Verpflichtungen entziehen will, die Möglichkeit finden, dies mit einer wirklichen oder angeblichen Völkerrechtsverletzung des Gegners, für die er jetzt „Vergeltung übe", zu begründen. Um die alten Schranken der Kriegführung wieder aufzurichten und den Krieg von neuem auf die Heere und Flotten zu beschränken, müßte eine Gemeinschaft von großen und mächtigen Staaten dies Ziel wollen, wie sie sich in absehbarer Zeit nicht zusammenfinden wird.

Die Entwicklung zum Völkerkrieg.

An die Stelle des zusammengebrochenen völkerrechtlichen Grundsatzes ist unwiderruflich der neue Grundsatz getreten, daß der Krieg, soweit das Kriegsziel dies fordert, auch gegen die bürgerliche Bevölkerung des feindlichen Staates gerichtet werden darf. Diese Wandlung ist tief zu bedauern, wie die ganze Verschärfung der Kriege, die aus dem ritterlichen Spiel weniger ein grauenvolles Geschäft der Völker gemacht hat, aber ein „Rückschritt des Völkerrechts" ist sie nicht. Denn immer schon hat sich die Entwicklung des Völkerrechts trotz aller Fortschritte im einzelnen in der Richtung vollzogen, daß es jede, auch die furchtbarste Verschärfung der Kriege, soweit sie dem Kriegsziel diente, als rechtmäßig anerkannt und nur unnötige Härten verboten hat. So bleibt ihm auch der neuesten Entwicklung gegenüber nichts übrig, als die Erweiterung des bloßen Krieges der Waffen zum Völkerkrieg hinzunehmen, aber sie so zu regeln, daß unnötige Härten gegen die bürgerliche Bevölkerung vermieden werden.

Sechstes Kapitel.
Die Gesetze des Völkerkrieges.

1.

Wie der bloße Krieg der Waffen, auf den wir fast wie auf ein verlorenes Paradies zurückblicken, so kann auch der neue, schrecklichere Krieg der Völker kein zügelloser sein. Die Gesetze dieses Krieges aufzudecken, ist für die nächste Zeit die große Aufgabe der Völkerrechtswissenschaft. Einiges läßt sich immerhin jetzt schon sagen.

Es ist möglich, die Gesetze des Völkerkrieges festzustellen, obwohl noch kein Kongreß sich mit der neuen Art des Krieges beschäftigt und kein Abkommen ihn geregelt hat. Denn die Erweiterung des Krieges über die Heere und Flotten hinaus hat sich ja durch die Kriegführung vollzogen. Also muß man aus der Kriegführung entnehmen können, in welchen Grenzen der erweiterte Krieg völkerrechtlich zulässig ist. In der Kriegführung treten nun drei Grundsätze des Völkerkrieges zutage.

Erstens. Im Völkerkriege ist auf beiden Seiten das gesamte Volk beteiligt, die Beteiligung ist aber bei der Waffenmacht und der bürgerlichen Bevölkerung von verschiedener Art. Die Waffenmacht ist aktiv am Kampfe beteiligt, sie darf Gewalt brauchen. Dagegen ist die bürgerliche Bevölkerung nur passiv am Kampfe beteiligt, ihr ist jede Anwendung von Gewalt untersagt. Sie darf die feindliche Waffenmacht weder mit Gewalt angreifen noch auch sich ihr mit Gewalt widersetzen.

Daher darf im Landkrieg nur das Heer die Waffen führen, wobei allerdings Freischaren unter verantwortlichen Führern mit bestimmten Abzeichen und offen geführten Waffen als Bestandteile des Heeres gelten. Dagegen ist der bürgerlichen Bevölkerung jede Führung der Waffen zu Angriff oder Ver=

Die Gesetze des Völkerkrieges. 59

teidigung untersagt. Der Bürger, der der feindlichen Waffen=
macht gewaltsam Widerstand leistet, macht sich eines Ver=
brechens schuldig. Ganz ebenso muß es im Seekrieg beurteilt werden, wenn
ein Handelsschiff auf ein feindliches Kriegsschiff, etwa ein
Unterseeboot, schießt oder es zu rammen versucht, und es kommt
nicht darauf an, ob dies zum Angriff oder nur zur Verteidigung
geschieht. In dem einen wie in dem anderen Falle liegt kein
durch Kriegsrecht gestattetes Handeln, sondern ein Verbrechen
vor. Es ist nicht der geringste Grund vorhanden, zwischen dem
Land= und dem Seefranctireur irgend einen Unterschied zu machen.
Beide überschreiten die Grenzen, die der Beteiligung der bürger=
lichen Bevölkerung am Kriege gesetzt sind, beide verüben Gewalt=
taten, deren sich der Gegner nicht versehen kann, und darum
ist beider Handeln ebenso verrucht wie widerrechtlich. Der
Staat aber, der solches Handeln seiner Bürger willig duldet
oder sie gar dazu anstiftet, verstößt gegen das Völkerrecht.

Zweitens. **Die feindliche Waffenmacht darf auch
in ihren kleinsten Teilen, dagegen darf die bürger=
liche Bevölkerung des feindlichen Staates nur als
Ganzes bekämpft werden.** Dem einzelnen Angehörigen
des feindlichen Volkes dürfen immer nur solche Leiden zu=
gefügt werden, die dazu dienen, die Angriffs= oder Widerstands=
kraft des feindlichen Volkes im ganzen zu brechen. Daher sind
auch im Völkerkrieg Leben, Gesundheit, Ehre und Eigentum
der Bürger geschützt. Ein Staat darf grundsätzlich weder die
auf seinem Gebiet befindlichen Angehörigen des feindlichen
Staates noch die Bewohner des feindlichen Landes irgendwie
verletzen. Solche Verletzungen sind nur insoweit zulässig, als
sie bestimmt und geeignet sind, die Kraft des feindlichen Volkes
im ganzen zu brechen.

Daher können Bombenwürfe von Luftschiffen und Flug=
zeugen, die keinen militärischen Zweck haben, nur darin ihre

Rechtfertigung finden, daß entweder Stoffe zerstört werden
sollen, die für die wirtschaftliche Kraft des feindlichen Volkes
von großer Bedeutung sind, etwa Petroleum= und Getreide=
lager, oder darin, daß bei dem feindlichen Volke Angst und
Kriegsunlust erzeugt und auf diese Weise die seelischen Grund=
lagen der Kriegführung zerstört werden sollen. Durch solche
Bombenwürfe werden zwar einzelne getötet und verletzt und
Privateigentum beschädigt, aber dies ist nur ein Mittel, um
das feindliche Volk im ganzen zu treffen.

Daher ist auch die Zerstörung von Privateigentum in be=
setzten Gebieten, soweit es sich nicht um Sachen von unmittel=
barer Brauchbarkeit für das feindliche Heer handelt, nur zu=
lässig zu dem Zweck, die wirtschaftliche Grundlage der feind=
lichen Kriegführung zu erschüttern. Wenn ein zur Räumung
von Feindesland genötigtes Heer Privateigentum vernichtet,
so darf dies niemals in sinnlosem Wüten geschehen, sondern
nur zu dem Zweck, dem feindlichen Volk das, was es notwendig
braucht, zu entziehen. Es dürfen also nur Gegenstände zerstört
werden, die für die ganze Volkswirtschaft wichtig sind, Nahrungs=
mittel, Kohlen, Gummi, Wolle, nicht aber Häuser, Denkmäler,
Möbel, Porzellan, Bilder und Bücher.

Etwas anders liegt es mit der Wegnahme und Zerstörung
von feindlichem Privateigentum im Seekrieg. Allerdings ist
auch die Aufbringung oder Vernichtung von Handelsschiffen
und den Gütern, die sie führen, nur zulässig zu dem Zweck, die
feindliche Volkskraft zu brechen. Aber die Absperrung eines
Landes trägt im Zeitalter des Weltverkehrs nicht nur dazu bei,
ihm unentbehrliche Waren zu entziehen, sondern auch dazu, die
Bevölkerung unlustig und kriegsmüde zu machen. Je vollständiger
die Absperrung ist, desto mehr wird diese Wirkung erreicht,
und deshalb dürfen im Seekrieg über die für das feindliche Volk
notwendigen Gegenstände hinaus auch alle andern, selbst solche,
die nur dem Luxus dienen, weggenommen und vernichtet werden.

Die Gesetze des Völkerkrieges.

Drittens. Wie der feindlichen Waffenmacht, so dürfen auch der bürgerlichen Bevölkerung des feindlichen Landes Leiden nur zur Erreichung des Kriegszieles zugefügt werden. In der großen Umwälzung des Völkerrechts, die wir erlebt haben, ist doch ein Satz wie ein Felsen unerschüttert geblieben, der Satz, daß dem Gegner alle zwecklosen Leiden möglichst zu ersparen sind, daß ihm keine Leiden zugefügt werden dürfen, die entweder der Erreichung des Kriegszieles überhaupt nicht dienen oder im Verhältnis zu ihrem Wert für die Erreichung des Kriegszieles übermäßig groß sind (S. 21/22).

Dieser Satz gilt auch für den Kampf gegen die bürgerliche Bevölkerung, ja er ist in diesem Kampfe noch gesteigert. Von mehreren zur Erreichung des Kriegszieles geeigneten Mitteln muß gegenüber der bürgerlichen Bevölkerung das mildeste gewählt werden. Im Kampfe gegen die feindliche Waffenmacht besteht keine Einschränkung, die es geböte, womöglich den Feind unverwundet gefangen zu nehmen, nur im Notfalle ihn zu verwunden und ihn nur im äußersten Notfall zu töten. Dagegen dürfen beim Kampf gegen die bürgerliche Bevölkerung Tötung und Verwundung nur zur Anwendung kommen, wenn sie sich auf keine Weise vermeiden lassen, so beim Abwerfen von Bomben durch Luftfahrzeuge oder bei der Torpedierung bewaffneter Handelsschiffe, und auch sonst ist die härtere Maßregel immer nur anzuwenden, wenn die Anwendung der milderen keinen Erfolg verspricht.

Daher darf ein Staat die auf seinem Gebiet oder auf besetztem Gebiet ansässigen feindlichen Bürger, abgesehen von der Gefahr militärischer Mitteilungen an den Heimatstaat, nur festhalten, soweit sie wehrfähig sind, und er muß bei der Festhaltung die größte Milde walten lassen. Er muß also z. B., wenn ein Abreiseverbot hinreicht, sich mit diesem begnügen und darf nur im Notfalle zur Unterbringung in Gefangenenlagern schreiten. Ein Staat darf ferner das in seinem Gebiet befindliche Eigentum feindlicher Bürger nicht endgültig einziehen, ihre Patente nicht für immer aufheben und ihre Forderungen nicht ein für allemal außer' Kraft setzen. Sondern er darf das feindliche Eigentum nur für die Dauer des Krieges in Zwangs= verwaltung nehmen, die Durchbrechung der feindlichen Patente darf er nur für diese Zeit gestatten, und auch die Erfüllung feindlicher Forderungen darf er nur für so lange verbieten.

Im Seekriege sind feindliche Handelsschiffe, wenn dies irgend möglich ist, mitzunehmen und in einen Hafen zu bringen. Nur wenn die Zerstörung des feindlichen Schiffes unvermeidlich ist, wie z. B. in der Regel für ein Unterseeboot, darf das Schiff versenkt werden, jedoch muß dann der Besatzung durch recht= zeitige Ankündigung der Versenkung Gelegenheit gegeben werden, sich in die Boote zu retten. Nur wenn auch dies aus= geschlossen ist, z. B. weil von den feindlichen Handelsschiffen Angriffe drohen, darf das Handelsschiff ohne vorherige An= kündigung versenkt werden, aber dann muß wenigstens eine all= gemeine Ankündigung ergangen sein, die die feindliche Handels= schiffahrt darauf hinweist, daß in einem bestimmten Kriegsgebiet Handelsschiffe ohne weiteres versenkt werden, so daß wer jetzt der Versenkung anheimfällt, es sich selbst zuzuschreiben hat.

Nach diesen drei Grundsätzen nimmt im Völkerkrieg die bürgerliche Bevölkerung eine andere Stellung ein als die Waffenmacht. Sie ist in der Beteiligung am Kampfe beschränkt, sie darf sich nicht aktiv beteiligen. Aber dafür ist der Krieg für sie ein gemilderter Krieg und darf nur gegen sie als Ganzes geführt werden und nur mit den mildesten Mitteln, die zur Erreichung des Kriegszieles noch brauchbar sind. Sobald allerdings die bürgerliche Be= völkerung sich über die ihr gezogenen Schranken hinwegsetzt und aktiv am Kampfe teilnimmt, wird der Krieg für sie sogar ein verschärfter Krieg: im Landkrieg wird der gefangene Franctireur nicht als Kriegsgefangener geachtet, sondern als

Verbrecher gestraft, und dasselbe muß im Seekriege für die Besatzung eines Handelsschiffes gelten, die sich zu einem Angriff durch Schießen oder Rammen oder auch nur zum gewaltsamen Widerstand hat verführen lassen.

2.

Im Anfang des Weltkrieges sind von Kriegführenden zahlreiche unzulässige Maßnahmen gegenüber der bürgerlichen Bevölkerung der feindlichen Staaten getroffen worden. Seit dem Umschwung des Völkerrechts sind solche Maßregeln zum großen Teil erlaubte Kampfmittel des erweiterten Krieges. Die drei Grundsätze des Völkerkrieges sind der Maßstab, um zu beurteilen, was für Kampfmittel gegenüber der bürgerlichen Bevölkerung heute zulässig und was für welche immer noch unzulässig sind.

Die Festnahme von feindlichen Bürgern ist jetzt in ziemlich weitem Umfange gestattet, zu dem Zweck, dem feindlichen Heere den Zufluß an Menschen nach Möglichkeit abzuschneiden.

Ein Staat darf wehrfähige Bürger des feindlichen Staates, die sich bei Ausbruch des Krieges auf seinem Gebiet aufhalten, an der Abreise verhindern und in Haft nehmen. Er darf sie auch dann festsetzen, wenn er ihrer auf Schiffen oder auf besetztem feindlichem Gebiet habhaft werden kann. Hierbei ist es nicht Voraussetzung, daß diese Bürger, wie die Londoner Seerechtsdeklaration von 1909 forderte, schon in die Wehrmacht ihres Heimatstaates eingereiht sind, die Einreihung soll ja gerade verhindert werden. Es ist auch nicht notwendig, daß sie nach den Gesetzen ihres Heimatstaates im wehrpflichtigen Alter stehen, denn die Wehrpflicht kann durch Gesetz verlängert werden, und auch der nicht Wehrpflichtige kann sich als Freiwilliger stellen. Das Entscheidende ist die körperliche Wehrfähigkeit.

Die in Haft Gebrachten dürfen nur den Einschränkungen unterworfen werden, die nötig sind, um ihre Teilnahme am Kampf zu verhindern. Sie haben zum mindesten Anspruch auf die gleiche Behandlung wie Kriegsgefangene. Jede unnötige Härte, von schlechter Unterbringung angefangen bis zu den Erschießungen, wie sie russische Generäle in Ostpreußen angeordnet haben, ist völkerrechtswidrig.

Die Festnahme von dienstuntauglichen Männern, Kindern, Greisen und Frauen ist nur ganz ausnahmsweise gestattet. Im besetzten Gebiet darf man sie als Geiseln verwahren, um die Bevölkerung zur Erfüllung ihrer Verpflichtungen zu zwingen oder von Gewalttaten zurückzuhalten. Im eigenen Lande darf man sie festsetzen, wenn Grund zu der Annahme besteht, daß sie von Kriegsgeheimnissen Kenntnis erlangt haben.

Unter allen Umständen verstößt es gegen das Völkerrecht, wenn die Festnahme feindlicher Bürger zu andern Zwecken als zur Förderung des Kriegszieles oder ohne jeden Zweck erfolgt. Unzulässig ist es daher z. B., wenn ein Staat, wie es Rußland in Ostpreußen, Frankreich im Elsaß getan hat, zahlreiche Bürger aus einem besetzten Gebiet verschleppt, wobei unklar bleibt, ob man sie zur Auswechselung gegen Kriegsgefangene benutzen oder für die Treue gegen ihr Heimatland strafen oder an ihnen die Wut über den Mangel an kriegerischen Erfolgen auslassen will.

Eine Fülle von Eingriffen in das feindliche Wirtschaftsleben ist heute erlaubt. Es darf alles geschehen, was geeignet ist, beim Gegner die wirtschaftlichen Grundlagen der Kriegführung zu erschüttern.

Zu diesem Zweck darf feindliches Eigentum zerstört, weggenommen oder in Zwangsverwaltung gebracht werden. Abziehende Truppen dürfen Brücken, Eisenbahnen, Fabriken und Bergwerke zerstören, Vorräte an Lebensmitteln und Rohstoffen unbrauchbar machen oder fortschaffen, nicht nur um dem Gegner die Verforgung und Bewegung feines Heeres, fondern auch um ihm die Aufrechterhaltung feiner Wirtfchaft während des Krieges zu erfchweren. Doch find die Eingriffe zu diefem Zwecke in möglichft fchonender Art vorzunehmen; ein Staat darf z. B. das in feinem Gebiet befindliche Eigentum feindlicher Bürger zwar für die Dauer des Krieges mit Befchlag belegen, nicht aber den Eigentümern gänzlich entziehen. Zu anderen Zwecken dürfen Eingriffe in das feindliche Eigentum überhaupt nicht erfolgen. Würde ein Staat im befetzten Gebiet Werke der Induftrie zerftören, um dem Gegner nach dem Kriege den Wiederaufbau feines Wirtfchaftslebens und damit den Wettbewerb auf dem Weltmarkt zu erfchweren, fo wäre dies völkerrechtswidrig.

Ein Staat darf feinen Angehörigen verbieten, die Forderungen feindlicher Bürger, mögen dies nun gewöhnliche oder in einem Wertpapier verkörperte Forderungen, Geldforderungen oder Forderungen anderer Art fein, während des Krieges zu befriedigen, die entgegenftehende Beftimmung des vierten Haager Abkommens von 1907 ift befeitigt. Dagegen darf er fie nicht völlig aufheben, das würde über den erlaubten Zweck hinausgehen, die wirtfchaftlichen Grundlagen der feindlichen Kriegführung zu fchwächen.

Die auf feinem Gebiet befindlichen Unternehmungen feindlicher Bürger darf ein Staat in Zwangsverwaltung nehmen, da fie den Heimatftaat wirtfchaftlich unterftützen könnten. Dagegen ift es ganz unzuläffig, daß folche Unternehmungen, wie es in diefem Kriege in einigen englifchen Kolonien gefchehen ift, zwangsweife aufgelöft und daß wohl gar auch noch ihre Bücher und Papiere vernichtet werden; dies dient nicht mehr dem Kriegszweck, fondern dem völkerrechtswidrigen Beftreben, entweder die feindlichen Bürger zum Vorteil der eigenen auszuplündern oder ihnen nach dem Kriege den Wettbewerb mit jenen zu erfchweren.

Erlaubt ist heute auch das wirksamste Mittel zur wirtschaftlichen Schwächung des Gegners, die **Absperrung vom Verkehr**. Ein Staat darf seinen eigenen Bürgern verbieten, mit den Angehörigen des feindlichen Staates irgendwelche Geschäfte zu machen. Er darf diese aber auch vom Verkehr mit der übrigen Welt abschließen. Der englische Plan, Deutschland auszuhungern, ihm die nötigen Rohstoffe fernzuhalten, sein Wirtschaftsleben durch Verhinderung der Ausfuhr zu schädigen, war, als er gefaßt und zuerst ausgeführt wurde, eine grobe Völkerrechtsverletzung. Nachdem er zu einer Revolution des Völkerrechts geführt hat, ist seine weitere Ausführung völkerrechtlich erlaubt. Aber ebenso erlaubt ist fortan das Bestreben Deutschlands, die britischen Inseln ihrerseits vom Weltverkehr abzusperren.

Demgemäß dürfen jetzt, entgegen dem achten Haager Abkommen von 1907, vor den Küsten und Häfen des Gegners Minen gelegt werden, mit dem alleinigen Zweck, die Handelsschiffahrt zu unterbinden; die Legung ist bekannt zu machen.

Auch in der Art dürfen die feindlichen Küsten und Häfen gesperrt werden, daß ein Staat ankündigt, er werde in einem bestimmten Gebiet jedes feindliche Handelsschiff, ob bewaffnet oder unbewaffnet, durch **Unterseeboote** ohne besondere Ankündigung versenken lassen. Eine auf bewaffnete Handelsschiffe beschränkte Ankündigung dieser Art ist unzweckmäßig, da ein Unterseeboot nur mit Gefahr feststellen kann, ob ein Handelsschiff bewaffnet ist oder nicht. Diese strenge Unterseebootsperre ist etwas Ähnliches wie die Minensperre und ebenso berechtigt wie jene. Diejenigen, die Einwendungen gegen sie erheben, setzen ein Kriegsrecht als noch geltend voraus, das sie selbst über den Haufen geworfen haben.

Die früheren Schranken der Kriegführung gegenüber der bürgerlichen Bevölkerung sind im Völkerkriege gefallen. Nach dem neuen Recht ist jedes Mittel erlaubt, das dazu beitragen kann, die wirtschaftlichen Grundlagen der feindlichen Krieg=

führung zu brechen, sofern nicht etwa der gleiche Erfolg durch ein milderes Mittel erreichbar ist. Die strenge Unterseebootsperre, bei welcher die feindlichen Handelsschiffe mit Versenkung ohne besondere Ankündigung bedroht werden, ist nun zu diesem Zweck ein sehr gutes Mittel, ein viel besseres als die bloße Aufbringung der feindlichen Handelsschiffe oder ihre Versenkung nach vorheriger Ankündigung, denn die große Lebensgefahr, die der Besatzung ein solches Verfahren bringt, wird den Verkehr ganz besonders wirksam unterbinden. Diese strenge Sperre enthält auch keine Unmenschlichkeit, denn infolge der Ankündigung steht es jedem feindlichen Handelsschiffe frei, dem gesperrten Gebiet fernzubleiben, und wer sich auf einem solchen Schiff in dies Gebiet hineinbegibt, nimmt die Lebensgefahr ebenso freiwillig auf sich wie derjenige, der in einer beschossenen Festung Aufenthalt nimmt. Trotzdem wird man auf diese wirksamste Sperre gern verzichten, um vor der Versenkung der Handelsschiffe der Mannschaft Gelegenheit zum Besteigen der Boote zu geben; aber das ist nur dann möglich, wenn keine feindliche Handelsschiffe bewaffnet sind; sind auch nur einige bewaffnet, so ist es für ein Unterseeboot zu gefährlich, sich mit irgend einem einzulassen.

Endlich sind jetzt auch mancherlei Handlungen gestattet, die dazu dienen sollen, die seelischen Grundlagen der feindlichen Kriegführung zu erschüttern.

Daher wird man die Beschießung unverteidigter Küstenstädte durch Kriegsschiffe, wie England sie mehrfach angewandt hat, nicht mehr als völkerrechtswidrig betrachten können, das neunte Haager Abkommen von 1907 hat insofern seine Geltung verloren. Solche Küstenstädte sind in der Regel wichtige Knotenpunkte des Wirtschaftslebens, und ihre Beschießung ist daher nicht nur geeignet, das feindliche Wirtschaftsleben zu stören, sondern auch die feindliche Bevölkerung mit ganz besonderem Schrecken zu erfüllen. Die frühere Be=

schränkung der Beschießung auf befestigte und verteidigte Orte beruhte auf dem Grundgedanken, daß eine Beschießung nur zum Zweck der Eroberung zulässig sei. Da heute die Beschießung von Küstenstädten durch eine Flotte nur noch selten zum Zweck der Eroberung erfolgt, hat jene Beschränkung ihren Sinn verloren. Gegenwärtig dient die Beschießung von Küstenstädten hauptsächlich der Vernichtung von Anlagen und der Erzeugung von Angst, diese beiden Zwecke kommen auch bei unbefestigten und unverteidigten Orten in Betracht, und daher ist fortan auch bei ihnen die Beschießung gestattet.

Aus demselben Grunde ist auch das **Abwerfen von Bomben aus Luftschiffen und Flugzeugen** ohne Einschränkung gestattet, die Unterscheidung zwischen befestigten oder verteidigten und unbefestigten oder unverteidigten Orten hat für solche Angriffe keinen Sinn. Denn die Abwerfung von Bomben erfolgt ja in den allermeisten Fällen gar nicht, um einen Ort erobern zu helfen, sondern um das feindliche Wirtschaftsleben zu stören, vor allem aber um bei der feindlichen Bevölkerung Mutlosigkeit und Kriegsunlust zu erzeugen. Diese Wirkungen werden aber auch durch die Bomben erzielt, die auf wehrlose Orte fallen. Die Bombenwürfe auf London finden nicht nur in den dort geschaffenen Abwehreinrichtungen ihre Rechtfertigung, sondern mindestens ebenso sehr darin, daß London das Herz des britischen Reiches ist, und daß es in hohem Maße dem Kriegsziel dient, wenn seine Bewohner die Schrecken des Krieges erleben.

3.

Noch eine Frage bedarf der Prüfung: inwieweit die nach dem Recht des Völkerkrieges zulässigen Maßregeln gegen die feindliche Bevölkerung etwa durch **Rechte der Neutralen** eine Einschränkung erfahren.

Die Gesetze des Völkerkrieges. 69

Die Rechtsstellung der Neutralen hat sich in dem Weltkriege von 1914 sehr verschlechtert. Einige von den Rechten, die das Völkerrecht ihnen zuerkennt, haben allerdings nur einzelne Verletzungen erlitten, ohne daß das Weiterbestehen dieser Rechte dadurch irgend jemand zweifelhaft geworden wäre; das Recht der Neutralen auf Nichtantastung ihres Gebietes z. B. besteht uneingeschränkt fort, und niemand wird aus der Einnistung des Vierverbandes in Saloniki das Gegenteil herleiten. Andere Rechte der Neutralen sind dagegen so allgemein und regelmäßig verletzt worden, daß sie nicht mehr als vorhanden gelten können. Wie man jetzt über sie hinweggegangen ist, so wird man sie auch in künftigen Kriegen nicht mehr anerkennen. Ein Umschwung der Rechtsüberzeugungen hat sich vollzogen, der sie beseitigt hat. Der Bruch mit der Vergangenheit ist unwiderruflich. An die Stelle des bisherigen Rechtes, vor allem der Artikel 2 und 4 der Pariser Seerechtsdeklaration, ist durch revolutionäre Rechtsbildung (S. 11/13) neues ungeschriebenes Recht getreten, das weit tiefere Eingriffe in das Dasein der neutralen Staaten erlaubt.

Die gegenwärtige Zeit ist ungünstig für die Rechte der Neutralen. Neutralität ist kein Stand, sondern ein Zustand. Ein Staat, der heute Krieg führt, kann morgen neutral sein, und ein Staat, der heute neutral ist, kann morgen Krieg führen. Daher haben nur einige Staaten, bei denen die Teilnahme an künftigen Kriegen sehr unwahrscheinlich ist, die Schweiz, Norwegen, die Niederlande, einen dauernden Vorteil davon, wenn der Handel und die sonstigen Interessen der Neutralen völkerrechtlich gesichert sind. Die meisten Staaten dagegen haben nur dann Veranlassung, sich für die Rechte der Neutralen zu begeistern, wenn es wahrscheinlich ist, daß sie selbst in den Kriegen der nächsten Zukunft neutral sein werden. Sagen sich England, die Vereinigten Staaten, Rußland, Japan: wir werden in den Kriegen der kommenden Jahrzehnte voraus=

sichtlich Zuschauer sein, so werden sie für eine gesicherte Rechts=
stellung der Neutralen eintreten, weil sie ja von einer solchen
für sich selbst Vorteile erhoffen. Sagen sich diese Staaten
dagegen: wir werden voraussichtlich über kurz oder lang in
einen Krieg hineingezogen werden, so werden sie sich nicht für
Rechte einsetzen, die sie künftig in ihrer Kriegführung hindern
könnten.

Gegenwärtig leben wir nun in einem Kriege, an dem fast
alle großen Staaten teilnehmen. Eine Anzahl von Mächten,
Rußland, England, die Vereinigten Staaten von Amerika,
Japan, steht sich mit einem so starken Ausdehnungsdrange
gegenüber, daß weitere große Kriege schwerlich lange auf sich
warten lassen werden. Es scheint ein Zeitalter der Weltkriege
anzubrechen, und jeder große Staat muß damit rechnen, daß
er in sie hineingezogen werden wird. Auf dem Willen der
großen Staaten beruht in letzter Linie das Völkerrecht, ohne
ihn kann sich keine völkerrechtliche Einrichtung halten. In einer
Zeit, in welcher für die meisten großen Staaten die Unantastbar=
keit der Neutralen nur eine lästige Fessel ist, muß sich die völker=
rechtliche Stellung der Neutralen notwendig verschlechtern.

Die Rechte der Neutralen sind an der Stelle zusammen=
gebrochen, an der sie der Kriegführung am meisten entgegen=
standen. Nachdem der Krieg zum Völkerkrieg geworden war,
nachdem eins der wichtigsten Kampfmittel auf beiden Seiten
die Absperrung des Gegners vom Weltverkehr geworden war,
stellte sich die Freiheit der Meere, wie sie die Pariser See=
rechtsdeklaration den Neutralen gewährleistet hatte, als ein
lästiges Hindernis der Kriegführung dar. Sie ist in diesem
Kriege gefallen und wird so bald nicht wieder aufstehen. Trotz
alles guten Willens einzelner Staaten ist nicht anzunehmen,
daß sich in absehbarer Zeit ein allgemeiner Völkerwille bilden
wird, der die Freiheit der Meere als völkerrechtliche Ein=
richtung wiederherstellt.

Daher kann ein kriegführender Staat fortan, ohne sich an die bisherigen Grundsätze über bedingte und unbedingte **Konterbande** zu halten, von neutralen Schiffen die für den Gegner bestimmten Waren wegnehmen, gleichviel von welcher Art sie sind und ob sie unmittelbar nach einem feindlichen Hafen gehen sollen oder nach einem neutralen Hafen, um von dort über Land weiterbefördert zu werden. Daher kann er auch, selbst wenn er keine abschließende (effektive) **Blockade** geschaffen hat, den neutralen Schiffen die Fahrt nach feindlichen Häfen ganz untersagen; er kann ihnen auch die Fahrt nach neutralen Häfen untersagen, wenn er meint, daß der feindliche Staat über diese am Weltverkehr teilnehmen könnte. Er kann die Gestattung der Fahrt auch an Bedingungen knüpfen, z. B. daran, daß feindliche Wehrpflichtige ausgeliefert werden, daß für den feindlichen Staat bestimmte Güter herausgegeben werden, daß die Durchsuchung der Post geduldet wird.

Die Kriegführenden werden heute auch durch die Rechte der Neutralen nicht mehr gehindert, vor der feindlichen Küste und den feindlichen Häfen **Minen** zu legen, die ausschließlich dazu bestimmt sind, die Handelsschiffahrt zu unterbinden, sie müssen dies nur rechtzeitig bekannt machen (S. 66).

Dagegen würde die **Versenkung neutraler Handelsschiffe** an sich immer noch die Rechte der Neutralen verletzen, denn ein Fernhaltungsrecht ist kein Vernichtungsrecht. Seit aber England seine Handelsschiffe unter neutraler Flagge fahren läßt, ist für Deutschland und seine Bundesgenossen das Recht entstanden, neutrale Schiffe auf dieselbe Weise wie feindliche zu versenken. Wenn ein neutraler Staat es geschehen läßt, daß ein Kriegführender sein Gebiet als Stützpunkt benutzt, so erlangt der andere Kriegführende das Recht, die dadurch nötig gewordenen Maßregeln zu treffen, ohne Rücksicht auf den Schaden für die Angehörigen des neutralen Staates. Die Einnistung von Franzosen und Engländern in Saloniki gab Deutschland und seinen Bundesgenossen die Befugnis, Bomben auf das feindliche Lager zu werfen, selbst wenn dadurch Griechen beschädigt wurden. Ganz ebenso wirkt die Duldung des englischen Flaggenbetruges durch die neutralen Staaten. Auch hier muß Deutschland und seinen Bundesgenossen das Recht zustehen, das einzige Mittel anzuwenden, das der englischen Handelsschiffahrt den Gewinn aus dem Flaggenbetrug entreißen kann, nämlich bekannt zu machen, daß in dem gesperrten Gebiet gleich den englischen Schiffen auch die neutralen ohne vorherige Ankündigung versenkt werden. Wenn hierdurch die neutrale Schiffahrt behindert wird und wenn bei Mißachtung der Sperre tollkühne neutrale Bürger ums Leben kommen, so dürfen die neutralen Staaten sich nicht über Deutschland, sondern nur über England beklagen, gerade wie Griechenland wegen der auf Saloniki abgeworfenen deutschen Bomben sehr richtig nicht Deutschland, sondern die Mächte des Vierverbandes verantwortlich gemacht hat.

Nutzanwendung.

Nicht vom deutschen oder irgend einem andern ‚Standpunkt' ist diese Untersuchung angestellt worden, sondern mit der ganzen Sachlichkeit und Leidenschaftslosigkeit, die der Verfasser sich in einer leidenschaftlich bewegten Zeit abzuzwingen vermochte. Er hat sich bemüht, mit dem ruhigen Auge des Naturforschers die Tatsachen zu sehen und ihre Entwicklungsgesetze zu erkennen. Erst am Ziel angelangt, fühlt er sich berechtigt, die Frage zu stellen, was sein Ergebnis für die Sache seines Vaterlandes bedeutet.

In dem Weltkrieg von 1914 hat sich eine ungeheure Umwälzung des Völkerrechts vollzogen. Eine Entwicklung, die seit langem dahin drängte, den Krieg der Waffen zum Völkerkrieg zu erweitern, ist zum Abschluß gekommen. Der Satz des alten Völkerrechts, daß der Krieg nur gegen die feindliche Waffenmacht, nicht auch gegen die bürgerliche Bevölkerung des feindlichen Staates geführt werden darf, ist gefallen. Nach dem neuen Völkerrecht darf auch gegen die bürgerliche Bevölkerung ein freilich gemilderter Krieg geführt werden, der nur dann zu einem verschärften Kriege wird, wenn sie sich aktiv am Kampfe beteiligt.

Diese Umwälzung des Völkerrechts rechtfertigt vieles, was sich unsere Feinde jetzt kühn gegen uns herausnehmen und was sie sehr unvollkommen mit dem Recht der Vergeltung zu begründen suchen: die Gefangennahme unserer wehrfähigen Nichtkämpfer, die Nichtbezahlung unserer Forderungen, unsere Absperrung vom Weltverkehr. Aber freilich, sie rechtfertigt auch das, was wir selbst uns erlauben und zum Teil leider nicht einmal erlauben: die Sperrung des feindlichen Handels durch Minen, die Versenkung von bewaffneten und unbewaffneten feindlichen Handelsschiffen ohne besondere Ankündigung, die Abwerfung von Bomben auf bewehrte und unbewehrte Städte.

Nutzanwendung.

Versuchen wir also nicht, das Rad der Geschichte zurückzudrehen. Hören wir auf, unsere Gegner beständig wegen Völkerrechtsbruches anzuklagen. Aber lassen wir uns auch nicht mehr irre machen, wenn uns selbst von Feinden und unfreundlichen Neutralen immer wieder die Anklage des Völkerrechtsbruches entgegenschallt. Sondern stellen wir uns entschlossen auf den Boden, auf dem unsere Gegner stehen, auf den Boden des neuen Völkerrechts. **Das alte Völkerrecht bietet uns nur eine Grundlage zu Klagen und Anklagen, deren Wirkungslosigkeit wir nachgerade erkannt haben sollten; das neue Völkerrecht gibt uns die Freiheit zu eigenem kraftvollen Handeln.**

Im Jahre 1857 hat Lord Derby das berühmte Wort gesprochen: „Wir bestehen auf der Befolgung des Völkerrechts, wenn es uns nützlich ist, im andern Falle setzen wir uns unbekümmert darüber hinweg." Auf diesem Standpunkt steht England noch heute, seine Staatsmänner wahren das Gesicht, aber Seeleute wie Lord Fisher und Lord Beresford haben ihrer Geringschätzung des Völkerrechts oft genug deutlichsten Ausdruck gegeben.

Wir Deutschen haben kein so weites Gewissen. Wir brauchen für unsere Kriegführung eine sichere völkerrechtliche Grundlage. Die aber haben wir, wenn wir nur, statt immer noch an ein totes Völkerrecht und an zerrissene Vereinbarungen zu glauben, das Walten der ewigen Mächte spüren, die das Recht wandeln und uns mit dem größten Krieg der Geschichte zugleich die größte, furchtbarste und doch auch großartigste Entwicklung des Völkerrechts haben erleben lassen.

Printed by Libri Plureos GmbH
in Hamburg, Germany